美国移民法速览

从入境到绿卡

第一版

2025年1月

李昊（Hao Li）

美国移民法速览

从入境到绿卡

第一版

2025 **年** 1 **月**

李昊（Hao Li）

作者简介

李昊（Hao Li） 是一位经验丰富且多学科背景的美国执业律师，现为 Finberg Firm PLLC 的资深律师。他专注于移民法、税法以及金融相关领域，致力于为个人和企业提供全面、专业的法律支持和财务规划服务。李律师持有佛罗里达州律师执照，并且是特许金融分析师（CFA® Charterholder）、注册管理会计师（CGMA）和注册报税师（Enrolled Agent）。凭借深厚的法律知识与金融经验，他为客户在移民过程中提供无与伦比的专业洞察。

李律师的核心执业领域是移民法，他专注于投资移民、就业移民、家庭移民、人道主义移民以及移民诉讼，服务范围涵盖签证申请、绿卡、工作许可、身份调整、入籍以及复杂移民案件的争议解决。他熟悉美国移民政策的最新动态，能够灵活应对快速变化的法规，为客户提供切实可行的法律解决方案。他尤其擅长协助客户应对美国移民局（USCIS）和国家签证中心（NVC）的审查流程，帮助他们合法、安全地实现移民梦想。

同时，李律师还将其在税法和金融领域的专业知识融入移民法律服务。他深知税务规划在移民申请和长期财务管理中的重要性，尤其是对投资移民和跨国企业客户而言。李律师为客户提供全面的税务合规建议，帮助他们解决全球收入申报、遗产与赠与税以及移民相关税务问题。此外，他还协助企业客户制定移民合规政策，确保员工的签证和税务状态符合法规要求。

作为一位对移民社区充满热情的法律从业者，李昊律师深刻理解华人移民在美国生活与发展中面临的挑战。他以其亲和力和专业性，帮助客户规避移民过程中的常见陷阱，如信息不对称、不良中介的误导以及政策误解。他通过个人服务、专业咨询和教育活动，确保客户能够清楚地了解自己的权利和责任，避免因错误决策造成的不可挽回的损失。

在法律实践之外，李昊律师还积极投身社区服务。他是**美国律师协会商法部领导力学院（ABA Business Law Section Leadership Academy）**的成员，并被任命为**佛罗里达州律师协会消费者保护法委员会**的委员。他曾因在税务和法律领域的杰出贡献荣获多个奖项，其中包括2024年由 Heart of Florida United Way 颁发的"金融稳定影响奖"，表彰他对低收入家庭提供免费税务服务的努力。

李昊律师还通过撰写专业文章和举办讲座，分享他对移民、税务和金融领域的独到见解。他定期为法律和金融领域的权威杂志投稿，包括近期为 GPSolo **杂志** 撰写的《税务规划与企业增长》。他相信，移民不仅仅是一个法律程序，更是客户未来规划的重要部分；而税法与金融的结合，能够为客户的长期发展奠定稳固的基础。

现居佛罗里达州劳德代尔堡，李昊律师的办公室位于 1100 Lee Wagener Blvd #344, Fort Lauderdale, FL 33315。如需法律咨询或专业指导，您可以拨打 305-209-5008 或发送邮件至 howard@finbergfirm.com 联系他。无论您是计划移民美国、进行跨境投资，还是面临复杂的税务问题，李律师都将为您提供量身定制的解决方案，助您实现法律、税务与金融的全面成功。

前言

欢迎您翻开这本关于美国移民法律的读物。这本书的诞生，源于我作为一名美国移民律师多年来的观察和思考，也承载着我希望帮助更多华人社区朋友了解美国移民法律和程序的初心。

为什么写这本书？

移民美国，对于许多人来说，是一生中最重要的决定之一。然而，这一过程充满了复杂的法律条文、程序要求以及各种潜在的陷阱。作为一名长期服务华人社区的移民律师，我见过无数因为信息不对称、错误理解甚至被不良中介误导而导致申请失败或身份受损的案例。

华人社区中流传的移民信息，来源繁多，质量参差不齐。一些从中文媒体中获取的信息确实准确且有帮助，但也有不少错误、片面的内容，甚至是虚假宣传。特别是在互联网时代，各种未经核实的"成功经验分享"可能引导申请人误入歧途，造成无法挽回的后果。正因如此，我希望通过这本书，为大家提供一份可信赖的入门指南，帮助读者对美国移民有一个基本的概念，为移民之路奠定坚实的基础。

中国传统观念与移民法律的冲突

在传统的中国文化中，我们常讲"自己动手，丰衣足食"。遇到事情，很多人会第一时间想着自己解决，既能省钱，又能省事。然而，美国移民法律并不像填写一份表格那么简单，它是一套极为复杂的法律体系，涉及多个政府部门、严格的程序要求和不断变化的法规政策。仅靠"自己摸索"，不仅容易出错，还可能给未来的移民之路埋下隐患。

有些朋友为了节省律师费用，选择自行处理移民申请，或是依赖低价中介甚至"黑中介"。这样的选择虽然看似经济，但实际上风险极高。一旦出现问题，无论是材料不完整、信息错误，还是遗漏重要步骤，往往需要花费更多的时间和金钱来补救，甚至可能永久失去获得身份的机会。

这本书的定位

我希望明确，这本书的目标并不是教您如何自己完成移民申请（DIY），也不是取代专业律师的角色。相反，我希望通过这本书，帮助您建立对美国移民法律的基本理解，让您在面对自己的移民问题时，能够更清楚地知道需要问什么问题、需要提供哪些信息以及如何判断自己的合法权益是否受到保障。

需要特别说明的是，本书的内容基于截至2024年12月31日的法律和政策更新。美国的移民法律和政策变化频繁，任何新规的出台都可能影响您的具体情况。因此，本书所提供的信息仅供参考，**不构成法律意见或专业建议**。如果您有具体的移民问题或需要个性化的指导，请务必咨询专业的移民律师，以确保您的权益得到最大化保护。

为什么选择律师？

移民问题不是简单的行政事务，而是一个复杂的法律过程。无论是申请绿卡、签证，还是面对拒签、递解令或身份问题，每一个环节都可能对申请人的生活产生重大影响。专业的移民律师不仅熟悉相关法律，还能根据您的具体情况提供个性化的建议，帮助您规避潜在风险，争取最佳结果。

作为移民律师，我的职责不仅是提交表格，更是成为客户的法律顾问和权益守护者。我将与客户一起规划移民路径，分析每一步的风险和可能性，并在出现问题时提供法律解决方案。这种专业服务，远非仅靠网上查阅资料或听信他人经验所能替代。

为什么是"基本概念"而非"操作指南"？

移民法律是不断变化的，政策和法规更新频繁，即便是资深律师，也需要保持持续学习。因此，我不建议读者将这本书视为操作手册，而是将其作为一本帮助您了解基础知识的指南。无论您的移民目标是家庭团聚、职业发展、投资移民，还是寻求庇护，这本书都希望为您提供方向感和知识储备。

共同目标：合法、安全、稳妥

我深知，移民对于每个人和每个家庭的重要性。它不仅关乎居住和工作的合法性，还承载着对未来生活的美好期待。这条道路上充满挑战，但通过合法、安全、稳妥的方式规划和执行，您可以更接近自己的梦想。

无论您是刚刚开始考虑移民，还是已经处于申请过程中，我都希望这本书能够成为您了解美国移民法律的起点，为您提供清晰的思路和坚实的基础。在必要时，请不要犹豫寻求专业律师的帮助，因为这不仅是对您个人权益的保护，也是对您未来的一种投资。

致读者

在您阅读这本书时，如果有任何问题或疑惑，请记住，移民之路上最重要的是准确的信息和可靠的支持。希望这本书能为您带来启发和帮助，也希望它能成为您迈向美国移民梦想的重要一环。

感谢您选择这本书作为您了解美国移民法律的起点。

祝您一切顺利，心想事成！

作者：李昊

目录

第一部分：移民基础

1

美国移民系统概述

美国移民的历史与现状

一、移民历史概述

1. 早期移民（1600年代至1776年）

美国的移民历史可以追溯到欧洲殖民者的到来。最早的一批移民以英国清教徒为主，他们为了宗教自由和经济机会，穿越大西洋来到美洲。此时期的移民多为英格兰、荷兰、法国和西班牙的殖民者，他们在东海岸建立了殖民地。

2. 建国初期与开放移民（1776年至1882年）

美国建国后，新的国家以开放的移民政策吸引更多移民。1790年的《自然化法案》为移民成为公民奠定了基础，当时要求自由白人男性在美国居住两年即可归化。

19**世**纪初期，随着工业革命的兴起，大量欧洲移民涌入美国。他们主要来自爱尔兰、德国和意大利，以寻求工业和农业方面的就业机会。1849**年的加州淘金**热更是吸引了来自中国的劳工，他们成为铁路建设和矿业的中坚力量。

3. 限制移民的开始（1882年至1965年）

19世纪末，移民政策逐渐收紧。1882年的《排华法案》是美国历史上第一个基于种族限制的移民法，禁止中国劳工进入美国。这一政策后来被延伸到亚洲其他地区。

20世纪初，随着东欧和南欧移民的增加，美国政府进一步限制移民数量。例如，1924年的《移民法》通过配额制度限制了每个国家的移民人数，并完全禁止亚洲移民。

4. 移民政策的改革（1965年至今）

1965年的《移民和国籍法》废除了种族和民族配额制度，改用家庭团聚和就业为基础的移民政策。这一改革使来自亚洲、非洲和拉丁美洲的移民数量迅速增加。

1980年代，非法移民成为焦点。1986年的《移民改革与控制法》首次提供非法移民合法化的路径，同时加强边境执法。

进入21世纪后，恐怖主义威胁使移民政策更加关注国家安全。2001年的《爱国者法案》加强了对移民背景的审查。此外，技术移民和高技能劳工的需求使H-1B签证等临时工作签证成为关注点。

二、现状分析

1. 移民来源的多样化

根据近年的数据，美国的移民来源更加多样化。虽然拉丁美洲和亚洲仍是主要来源地，但非洲移民的比例正在上升。同时，墨西哥作为移民主要来源国的地位逐渐被印度和中国超越。

2. 移民种类与途径

美国目前接受移民的主要途径包括家庭团聚、就业移民、人道主义移民和多元化签证抽签计划。每年约有100万人获得合法永久居民身份，其中家庭团聚占比最大。

此外，非移民签证（如学生签证和工作签证）也为许多人提供了临时居住美国的机会。随着科技行业的迅速发展，H-1B签证成为全球技术人才进入美国的重要通道。

3. 非法移民问题

目前，美国估计有超过1100万非法移民，其中大部分来自拉丁美洲。他们主要从事农业、建筑和服务行业，成为美国经济不可或缺的一部分。然而，非法移民问题引发了政治和社会的广泛争议。

4. 移民对经济和社会的影响

移民对美国经济的贡献不可忽视。他们不仅为劳动力市场注入活力，还通过创新和创业推动经济增长。例如，硅谷众多科技公司由第一代或第二代移民创立。

同时，移民也为美国的文化多样性做出了巨大贡献。他们的到来带来了丰富的语言、饮食、音乐和艺术。然而，移民也面临社会融合的挑战，例如语言障碍和文化冲突。

5. 政策变化与挑战

近年来，美国移民政策发生了一系列变化，主要集中在以下几个方面：

- **边境安全**：加强与墨西哥边境的执法，阻止非法入境。

- **难民政策**：难民接收人数波动较大，受到政府优先事项的影响。

- **技术移民改革**：增加技术工人的签证名额，同时提高申请门槛。

- **公共负担规则**：加强对经济能力的考察，限制低收入移民。

三、未来趋势展望

1. 技术移民的增长

随着全球化和科技的发展，美国对高技能人才的需求将继续增加。人工智能、数据科学和生物技术等领域的国际人才可能成为移民政策的优先事项。

2. 难民与气候移民的增加

全球气候变化和区域冲突可能导致更多难民和气候移民的出现。美国在接收这些移民时可能面临更大的国际和国内压力。

3. 政策两极化

移民问题的党派分歧可能加剧。一方面，民主党倾向于推动更宽松的移民政策；另一方面，共和党更关注边境安全和非法移民的控制。

4. 移民合法化与社会融合

对于长期非法居住的移民，美国可能会逐步探索合法化的路径。同时，如何帮助新移民更好地融入社会也是一项长期挑战。

四、结语

美国作为一个移民国家，其历史与现状都反映了移民对经济、文化和社会的深远影响。尽管移民政策充满争议，但多样化的移民群体已经成为美国社会的不可分割的一部分。在未来，如何平衡国家安全、经济利益与人道主义需求，将继续考验美国移民政策的制定者与执行者。

移民法的基本框架与机构职能

（USCIS、DOS、DHS）

一、美国移民法的基本框架

美国的移民法以《移民与国籍法案》（Immigration and Nationality Act, INA）为核心，这是1952年通过的综合性法律，自颁布以来经历了多次修订。该法案为移民、非移民和归化入籍提供了法律框架。

1. 主要内容

- **移民类别**：涵盖家庭移民、就业移民、难民及庇护移民等。

- **非移民签证**：为临时进入美国的个人提供不同类型的签证，如学生签证、旅游签证和工作签证。

- **入籍规定**：列出归化成为美国公民的条件和程序。

- **不可受理原因**：包括犯罪记录、健康问题和经济状况等。

2. 相关法律与修订

除了INA，美国移民法律还包括多项补充法案，例如1986年的《移民改革与控制法案》、2001年的《爱国者法案》等，这些法律根据社会需求不断调整。

二、关键联邦机构及其职能

1. 美国公民及移民服务局（USCIS）

USCIS隶属于国土安全部（DHS），负责管理合法移民事务。其主要职能包括：

- **签证申请**：处理移民和非移民签证的申请，如绿卡（I-485）和工作许可（I-765）。

- **归化入籍**：负责审核归化申请（N-400），并组织入籍仪式。

- **庇护和难民事务**：处理庇护申请（I-589）和难民安置。

- **欺诈与背景调查**：确保申请材料的真实性。

- **客户服务**：通过在线工具和电话支持，向申请者提供服务。

2. 美国国务院（DOS）

DOS负责管理美国在国外的签证事务，通过驻各国的领事馆和大使馆实施。其主要职能包括：

- **签证签发**：处理非移民和移民签证的初始申请。

- **外交合作**：与其他国家协作管理移民和难民问题。

- **签证政策制定**：在全球范围内执行签证和移民相关政策。

3. 国土安全部（DHS）

DHS是负责国家安全和移民执法的主要机构，其下辖多个部门：

- **移民及海关执法局（ICE）**：专注于非法移民的执法、遣返，以及移民监控。

- **海关与边境保护局（CBP）**：管理边境安全和入境检查，确保人员和货物的合法流动。

- **USCIS**：负责合法移民事务。

4. 司法部（DOJ）

司法部的移民审查执行办公室（EOIR）负责移民法庭事务，其职能包括：

- **移民案件审理**：处理驱逐、庇护等案件。

- **移民上诉委员会（BIA）**：审查移民法官的决定。

三、机构协作与挑战

1. 协作机制

这些机构在移民事务中紧密合作。例如，USCIS负责绿卡申请的初步审核，DOS则负责驻外申请人的签证签发，CBP最终决定持签证者是否可以入境。

2. 挑战

- **政策变化**：频繁的政策调整增加了机构之间的协调难度。

- **资源分配**：高申请量导致案件积压，延长处理时间。

- **技术更新**：需要更高效的电子化系统来优化服务。

美国移民法律和机构体系复杂且动态，涵盖了移民的方方面面。从USCIS到DOS，各机构在管理移民事务中各司其职，为实现国家利益与社会多样性之间的平衡发挥了重要作用。在未来，更高效的协调与透明的政策将是解决移民问题的关键。

主要的移民途径：家庭、就业、人道主义等

一、家庭移民

家庭团聚是美国移民系统的重要组成部分，占每年移民总数的相当大比例。家庭移民的核心在于促进公民和永久居民与其亲属的团聚。

1. 合法永久居民的直系亲属

直系亲属类别包括美国公民的配偶、未满21岁的未婚子女，以及美国公民的父母。此类申请无配额限制，但申请者需满足移民法中的经济担保要求。

2. 家庭优先类别

家庭优先类别包括以下几类：

- 第一优先：美国公民的未婚成年子女。

- 第二优先：永久居民的配偶和未婚子女（21岁以下为2A类别，21岁以上为2B类别）。

- 第三优先：美国公民的已婚子女。

- 第四优先：美国公民的兄弟姐妹。

每个优先类别的签证名额受配额限制，且需根据年度签证公告表排队。

二、就业移民

就业移民以吸引高技能人才、填补劳动力市场空缺和促进经济发展为目标。其主要类别如下：

1. 第一优先（EB-1）

- 拥有杰出能力的个人：如科学、艺术、教育、商业和体育领域的杰出人才。

- 杰出教授或研究员。

- 跨国公司高管。

2. 第二优先（EB-2）

- 拥有高等学位的专业人士。

- 在科学、艺术或商业领域拥有特殊能力的人士。

- 国家利益豁免（NIW）申请人无需雇主担保。

3. 第三优先（EB-3）

- 技术工人：需至少两年工作经验。

- 专业人士：需本科以上学历。

- 非技术工人：适用于低技能劳工。

4. 第四优先（EB-4）

此类涵盖宗教工作者、国际组织雇员等特殊群体。

5. 第五优先（EB-5）

投资移民要求申请人在目标就业区域投资至少80万美元并创造至少10个就业岗位。

三、人道主义移民

人道主义移民的重点是保护那些面临迫害、冲突或灾害的个人。

1. **难民与庇护**

   - **难民**：指在美国境外因种族、宗教、国籍、政治观点或社会群体身份受到迫害而无法返回本国的人。

   - **庇护**：与难民类似，但申请者已进入美国境内并申请保护。

2. **U签证与T签证**

   - **U签证**：提供给协助执法调查的犯罪受害者。

   - **T签证**：专为人口贩运受害者设立。

3. **暂时保护身份（TPS）与延期强制离境（DED）**

TPS和DED为受自然灾害或武装冲突影响的国家公民提供临时居留权。

四、特殊移民计划

1. 多元化签证抽签（DV Lottery）

DV Lottery每年为移民来源较少的国家提供约5.5万个签证名额。

2. 军事人员及其家属

现役或退役美军成员及其亲属可通过特殊途径获得永久居民身份。

五、结语

美国移民途径多样化，涵盖家庭、就业和人道主义需求。这种多样化为美国社会和经济注入了活力，同时也反映了其移民政策的复杂性和灵活性。在未来，各类移民的相互平衡将继续塑造美国的移民体系。

2

移民资格自我评估

如何确定您符合哪种移民途径

美国的移民体系复杂且多样化，为申请者提供了多个合法进入和留在美国的选项。选择适合的移民途径是成功申请的关键，这需要申请者结合自身背景、资源和目标进行全面评估。以下内容将深入解析如何确定您符合哪种移民途径，并提供详细的指导。

一、如何评估个人条件

1. 家庭背景评估

- **您是否有美国公民或永久居民亲属？**

  如果有，请优先考虑家庭移民途径。确定亲属关系的类型（如配偶、子女、父母）以及担保人的移民身份（公民或永久居民）。

- **家庭移民的优先级与等待时间**

  家庭移民的等待时间因类别而异。直系亲属无排期
  限制，而优先类别的签证名额则受年度配额影响。

2. 职业和技能评估

   - **您的职业领域是否属于高技能或专业领域？**

     如果您是科学家、艺术家或商业领袖，可申请EB-1
     杰出能力类别。拥有硕士以上学历或特殊能力的申
     请者可选择EB-2。

   - **您是否愿意通过雇主担保移民？**

     雇主担保移民（如EB-2和EB-3）要求雇主提供工作
     机会，并通常需要通过劳工证程序证明没有合格的
     美国工人能胜任此职位。

3. 财务能力评估

   - **您是否有能力通过投资移民？**

     如果您具备足够资金（至少80万美元），可通过EB-
     5投资移民获得绿卡。

4. 危机或特殊情况评估

   - **您是否面临迫害或危险？**

     如因宗教、政治或社会身份面临威胁，可申请难民
     或庇护身份。

- **您是否是犯罪受害者或人口贩运的受害者？**

  可通过U签证或T签证寻求保护和合法身份。

5. 国籍和教育评估

- **您的祖国是否属于移民率较低国家？**

  如符合条件，可申请多元化签证抽签计划。

- **您是否满足最低教育或技能要求？**

  DV抽签计划要求申请人具有高中学历或两年以上工作经验。

二、选择移民途径的具体步骤

1. 收集背景信息

- 确认您的家庭成员是否具备担保资格。

- 评估自己的职业技能和学历是否符合就业移民要求。

- 检查是否有因人道主义原因可申请的特殊保护。

2. 研究具体类别

- 查阅USCIS官网的申请指南，了解相关类别的具体要求和程序。

- 对比不同途径的申请时间、费用和成功率。

3. **检查不可受理因素**

   - 常见不可受理因素包括犯罪记录、传染病、经济担保不足等。可通过申请豁免（Waiver）来解决某些问题。

4. **准备申请文件**

   - 收集证明文件，包括出生证明、护照、税务记录、工作证明等。

   - 确保填写正确的表格（如I-130、I-140或I-485）。

5. **选择是否需要律师帮助**

   - 如果案件复杂，建议咨询专业移民律师，以确保流程顺利。

三、案例分析

案例一：家庭移民成功申请　王先生是美国公民，他希望为在中国的父母申请移民。他提交了I-130表格并提供了经济担保。由于直系亲属类别没有排期限制，申请不到一年就完成，王先生的父母顺利获得绿卡。

案例二：就业移民的挑战　李女士是一名工程师，拥有硕士学位。她的雇主为其申请EB-2，但因排期较长，等待了两年才获得签证审批。期间，李女士还申请了H-1B签证，以便在美国合法工作。

案例三：人道主义移民的保护 张小姐因宗教迫害逃到美国，申请了庇护。她通过律师帮助，提供了详细的证据支持其申请。庇护获批后一年，她递交了绿卡申请。

四、常见误区与注意事项

1. **误选移民途径**

   不了解移民类别和自身条件，可能导致申请失败。

2. **忽略政策更新**

   美国移民政策频繁变化，需使用最新表格和符合最新要求。

3. **经济担保不充分**

   担保人的收入需符合最低标准，否则可能被拒。

五、结语

选择合适的移民途径需要全面评估自身条件和目标，同时深入了解相关法律和政策。通过仔细规划和充分准备，您可以显著提高申请的成功率。如果对某些复杂问题感到不确定，及时寻求专业帮助是明智之举。

禁止入境(Inadmissibility)常见原因及解决方案

在申请美国签证或移民时，"禁止入境"（inadmissibility）是申请人可能面临的主要障碍之一。根据美国移民法，如果申请人被认定为禁止入境，将无法获得签证或绿卡，甚至可能被拒绝入境。然而，许多禁止入境的情况可以通过豁免或其他法律手段解决。以下将详细说明常见的禁止入境原因及解决方案。

一、什么是"禁止入境"？

"禁止入境"是指申请人因不符合美国移民法的相关要求，被禁止进入美国或无法获得移民资格。这一概念适用于移民签证、非移民签证以及入境场景，主要原因涉及健康、犯罪记录、经济能力、国家安全、非法行为和技术性问题。

二、禁止入境的常见原因

1. 健康相关原因

- **传染性疾病**
  某些传染性疾病（如结核病活动期、梅毒感染期）可能被视为对公共健康的威胁，从而导致申请人被禁止入境。

- **疫苗接种不足**
  根据美国疾病控制与预防中心（CDC）的要求，移民申请人必须完成特定疫苗接种。

- **精神或身体疾病**
  如果申请人患有可能危害公众安全的精神或身体疾病，也可能被禁止入境。

- **药物滥用或成瘾**

  当前非法药物的滥用或成瘾问题会导致申请被拒。

解决方案：

- 提供医疗证明，说明疾病已治愈或不具有传染性。

- 在指定移民体检机构完成必要疫苗接种。

- 针对药物滥用问题，提交康复计划完成证明或医生出具的无成瘾评估报告。

2. 犯罪记录

- **重大犯罪**

  谋杀、强奸、贩毒等严重犯罪直接导致禁止入境。

- **道德败坏罪行（CIMT）**

  包括欺诈、盗窃等涉及不诚实或恶意的行为。

- **多次刑事定罪**

  如果累计刑期超过5年，也会被视为禁止入境。

解决方案：

- 对轻微或特定类型犯罪，可提交豁免申请（如I-601表）。

- 提供法庭记录、悔过书、无再犯证明以及社区服务或康复完成文件。

3. 经济相关原因

   - **可能成为公共负担**

     如果移民官认为申请人可能依赖美国的公共福利，可能被认定为禁止入境。

   解决方案：

   - 提交经济担保书（I-864表），由担保人证明有能力支持申请人。

   - 提供申请人的资产证明，例如银行存款、房产文件等，展示经济独立能力。

4. 国家安全相关原因

   - **恐怖主义活动**

     如果申请人与恐怖组织有关联或参与相关活动，将被认定为对国家安全的威胁。

   - **间谍或颠覆行为**

     从事间谍、颠覆或其他反国家安全的行为会导致禁止入境。

   解决方案：

   - 提交声明和相关证据，证明申请人与恐怖活动或组织无任何关联。

   - 在错误归类或指控情况下，通过法律程序提出上诉或申诉。

5. 移民法违规

- **非法入境或逾期居留**

  非法进入美国或在美国非法居留超过规定时间可能
  触发入境禁令。例如，非法居留超过6个月将导致3
  年禁令，超过1年则会触发10年禁令。

- **欺诈或虚假陈述**

  提交虚假信息或伪造文件将导致申请被拒，并可能
  永久禁止入境。

  解决方案：

- 针对非法居留问题，可申请I-601A临时豁免。

- 提交详细声明解释欺诈行为的背景，并提供家庭困
  难证明以支持豁免申请。

6. 技术性问题

- **文件不完整或错误**

  如果申请文件不完整或存在错误，可能导致申请被
  拒绝处理。

- **无有效签证或护照**

  入境时未持有有效旅行证件也会被禁止入境。

  解决方案：

- 在提交前仔细检查所有文件，确保准确无误。

- 确保申请期间护照和其他旅行证件有效。

三、如何申请豁免以解决禁止入境问题

美国移民法允许针对某些禁止入境原因申请豁免（waiver），具体途径包括：

1. I-601豁免申请

- **适用情况**

  用于解决健康、犯罪记录、公共负担或欺诈等导致的禁止入境问题。

- **提交条件**

  必须证明申请人的美国公民或永久居民亲属将因拒签而遭受"极端困难"（extreme hardship）。

2. I-601A临时豁免

- **适用情况**

  针对因非法居留触发的入境禁令，允许申请人在美国境内等待豁免决定。

- **优点**

  减少申请人在国外等待时间，降低家庭分离风险。

3. I-212重新入境许可申请

- **适用情况**

  针对被驱逐或自愿离境导致的入境禁令，申请人可以提交I-212以重新申请入境许可。

四、案例分析

案例1：健康问题的解决

张先生因肺结核病史被拒签。他通过指定体检机构提供治疗记录和医疗证明，证明其已治愈并不具传染性，成功申请豁免并获批移民。

案例2：犯罪记录的豁免

李女士因十年前的盗窃罪被认定为禁止入境。在律师协助下，她提交I-601豁免申请，附上改过自新的证据和社区服务完成证明，最终成功获得绿卡。

案例3：非法居留的豁免

王先生在美国非法居留两年后返回中国，触发10年入境禁令。他通过I-601A申请豁免，证明其美国公民配偶因分离而遭受极端困难，豁免获批后成功获得移民签证。

五、如何避免被认定为禁止入境

1. **提前了解移民要求**

   在申请前充分了解相关规定，确保符合所有要求。

2. **如实填写申请信息**

   避免任何虚假陈述或伪造文件。

3. **咨询专业律师**

   如果可能涉及复杂问题，及时寻求移民律师的帮助。

4. 提交完整且准确的文件

仔细检查申请表格和支持材料，避免不必要的拒绝。

六、结语

虽然被认定为禁止入境可能带来重大挑战，但通过深入了解原因、采用合法途径申请豁免，许多申请人仍可实现其移民目标。提前准备和合理规划是解决禁止入境问题的关键。如果遇到复杂情况，寻求专业法律建议是明智之举。

3

常见术语与概念解析

移民与非移民身份的区别

美国移民体系分为两大类别：移民身份（Immigrant Status）和非移民身份（Non-Immigrant Status）。理解这两者的区别，对于规划进入美国的目的、停留时间以及合法身份的转换尤为重要。以下将从定义、主要特点、申请条件、限制和转换等方面，详细分析移民和非移民身份的区别。

一、定义与基本区别

1. 移民身份

移民身份是指获得美国永久居民（绿卡）或公民身份的外国人，可以无限期地在美国居住、工作和享有几乎所有权利。

- **永久居民（绿卡持有者）**

   拥有永久居民身份的个人可以合法留在美国，拥有在美工作的权利，并可以申请美国公民身份。

- **公民身份**

  通过出生或归化获得的身份，赋予个人完整的政治和法律权利。

2. 非移民身份

非移民身份是指外国人以临时目的进入美国，包括旅游、学习、短期工作等。非移民身份通常有限制，必须在签证到期前离开美国。

- **签证类别**

  非移民身份分为多种类别，如B-1/B-2（商务和旅游）、F-1（学生）、H-1B（工作）等。

二、移民与非移民身份的主要特点

1. 停留期限

- **移民身份**

  永久居民身份允许申请人无限期地居住在美国，但需满足一定的条件（如不连续居住在国外超过6个月）。公民身份则无任何时间限制。

- **非移民身份**

  非移民签证的停留期限通常由签证类别决定。例如，B-2旅游签证通常允许停留6个月，而H-1B工作签证最长可达6年。

2. 工作权利

- **移民身份**

  绿卡持有者和公民均可在美国自由工作，无需额外许可。

- **非移民身份**

  非移民身份通常受到严格的工作限制。例如，B类签证不允许工作，F-1学生签证需获得授权才能兼职工作，而H-1B签证则需特定雇主担保。

3. 权利与义务

- **移民身份**

  - **权利**：绿卡持有者可享受大部分福利，如医疗补助和社会保障，公民还可投票选举。

  - **义务**：需按规定报税，并在离开美国超过一定时间前申请回美证。

- **非移民身份**

  - **权利**：非移民身份持有人仅能享受有限的权利，如合法居留和参与指定活动。

  - **义务**：必须按期离境，遵守签证条件（如禁止非法工作）。

4. 转换与调整身份

- **移民身份**

- 绿卡持有者可申请成为美国公民（归化），通常需在持绿卡满5年（或婚姻绿卡为3年）后申请。

    - 移民身份的获得是长期规划，申请周期较长。

- **非移民身份**

    - 部分非移民身份可转换为移民身份（如H-1B持有者通过EB-2或EB-3申请绿卡）。

    - 非移民身份之间也可转换，如从F-1学生签证转为H-1B工作签证。

三、申请条件与流程

1. 移民身份的申请条件

移民身份主要通过以下几种途径获得：

- **家庭移民**：如美国公民的配偶、子女或父母。

- **就业移民**：如杰出人才、专业人士或投资者。

- **庇护与难民**：因迫害或战争申请保护。

- **多元化签证抽签（DV Lottery）**：针对低移民率国家的申请者。

申请流程包括提交移民请愿（如I-130、I-140），等待优先日期，并完成身份调整或签证申请。

2. 非移民身份的申请条件

非移民签证申请人需证明其进入美国的目的是临时性的，并满足具体签证类别的要求：

- **旅游或商务签证（B-1/B-2）**：提供资金证明和返程计划。

- **学生签证（F-1/M-1）**：需获得学校录取通知书，并支付SEVIS费用。

- **工作签证（H-1B、L-1等）**：由雇主担保，并提交工作相关文件。

申请流程包括填写签证申请表（如DS-160），支付费用，并参加面谈。

四、限制与风险

1. 移民身份的限制

- **离境风险**
  如果绿卡持有者连续离开美国超过6个月，可能被视为放弃永久居住权。

- **自然化资格的影响**
  某些行为（如未履行税务义务）可能影响入籍资格

2. 非移民身份的限制

- **签证条件的限制**

  非移民身份持有人必须遵守签证类别规定。例如，F
  -1学生需保持全日制学习状态。

- **滞留风险**

  签证到期后未及时离境将被视为非法居留，可能触
  发入境禁令。

五、如何选择适合的身份

1. **确定目标**

- 如果希望长期居住、工作或加入美国社会，应选择
  移民身份。

- 如果目的是短期停留或完成特定任务，则申请非移
  民签证。

2. **考虑转换路径**

- 部分非移民身份可通过工作或家庭关系转为移民身
  份。例如，H-1B工作签证持有人可申请绿卡。

3. **提前规划时间**

- 移民身份的申请可能需要数年时间，而非移民签证
  通常处理速度较快。

六、案例分析

案例1：F-1学生签证转H-1B工作签证

李同学持F-1签证在美国完成计算机科学硕士学位，毕业后获得OPT（Optional Practical Training）工作许可。她的雇主随后为她申请H-1B工作签证，并在三年后为其递交EB-2移民申请，最终获得绿卡。

案例2：B-2旅游签证转婚姻绿卡

张女士以B-2签证赴美探亲期间，与一位美国公民结婚。她的配偶递交I-130请愿书，张女士在美国完成身份调整，成为绿卡持有者。

七、总结

移民身份和非移民身份的区别在于停留目的、期限、权利义务和转换路径等方面。选择适合的身份需要根据个人目标和背景进行全面评估，同时充分了解相关法律和政策。无论是以移民为最终目标，还是暂时进入美国，都需要严谨规划和合理安排，以确保合法性和顺利完成身份转变。

绿卡、工作许可与签证的区别和联系

在美国的移民体系中，绿卡、工作许可（Employment Authorization Document, EAD）和签证（Visa）是三个不同但相互关联的重要概念。理解它们的区别与联系有助于个人更好地规划移民、就业和合法居留的路径。

一、定义

1. 绿卡（Green Card）

绿卡是美国颁发的永久居民卡（Permanent Resident Card），授予持有人永久合法居留和工作的权利。绿卡持有人可以无限期留在美国，享受许多与美国公民相同的权利，但不能参与投票或担任某些政府职位。

2. 工作许可（EAD）

工作许可是一种授权文件，允许非移民身份的持有人在美国合法工作。EAD通常与特定的移民或非移民身份相关，例如学生签证的OPT、庇护申请者或配偶签证持有人。

3. 签证（Visa）

签证是由美国驻外使领馆签发的文件，授予外国人进入美国的许可。签证分为移民签证和非移民签证，代表入境目的和身份类型。

二、主要区别

绿卡	工作许可（EAD)	签证
永久居民	临时身份·如学生、庇护者等	移民或非移民
永久居留和工作，无需额外许可	临时工作权限·与身份关联	仅用于入境·不赋予工作或居留权
通常为10年，可续期或申请入籍	通常为1年或身份有效期，可续期	按签证类别·可能为数月至数年
通过移民路径（家庭、工作等）申请	需有身份支持，例如H-4配偶或OPT学生申请	通过美国使领馆申请
遵守美国法律，定期更新	遵守工作许可条件	遵守签证条件，按期离境

三、绿卡的特点与用途

1. 权利与义务

- 权利：

  ○ 在美国自由工作，无需雇主担保。

  ○ 无限制地出入美国（如未长期离境）。

  ○ 可享受大部分公共福利，如医疗补助（Medicaid）。

36

- **义务**：

    ○ 按规定报税，无论收入来源。

    ○ 遵守绿卡持有者的离境规则，例如未连续离开美国超过6个月。

2. **申请途径**

- **家庭移民**：如美国公民的配偶、子女或父母。

- **就业移民**：包括EB-1至EB-5类别。

- **庇护与难民**：获得庇护或难民身份满一年后可申请。

- **其他特殊途径**：如多元化签证抽签（DV Lottery）。

3. **续期与入籍**

- 绿卡通常有效期为10年，到期需更新。

- 绿卡持有人通常在持卡满5年（某些情况下为3年）后可申请入籍。

四、工作许可（EAD）的特点与用途

1. **适用人群**

- 持临时身份的个人，例如：

    ○ F-1学生在完成学业后的OPT阶段。

    ○ H-4签证配偶（某些条件下）。

　　　　○　庇护申请者或临时保护身份（TPS）持有人。

2. **权利与限制**

- **权利**：允许持有人在美合法工作，无需特定雇主担保。

- **限制**：EAD的有效期通常与身份挂钩，需在身份到期前续期。

3. **常见申请场景**

- **学生工作许可**：如F-1学生的OPT或CPT。

- **庇护申请**：庇护案件等待期间可申请EAD。

- **身份转变期间**：调整身份（如I-485）的申请人可申请EAD。

五、签证的特点与用途

1. 移民签证与非移民签证

- **移民签证**：授予获得永久居民身份的申请人，例如通过家庭或就业途径获得的签证。

- **非移民签证**：用于临时访问美国，例如旅游（B-2）、学习（F-1）或工作（H-1B）。

2. 签证的作用

签证是进入美国的"钥匙"，但不代表实际身份。例如：

- 持F-1签证入境后，实际身份是学生身份。

- 签证到期后，只要身份合法，仍可在美国停留。

3. 有效期与限制

- 签证有效期由美国驻外使领馆决定，与在美停留时间无直接关系。

- 入境后停留时间由入境口岸的美国海关与边境保护局（CBP）决定。

六、三者之间的联系

1. 签证与身份

签证是进入美国的通行证，但入境后，身份由CBP官员根据签证类别决定。例如，持F-1签证入境的学生在完成学业后，可申请OPT并获得工作许可（EAD）。

2. 工作许可与绿卡

工作许可是临时允许工作的一种文件，通常与身份调整或移民流程相关。例如，I-485调整身份的申请人在等待绿卡时，可申请EAD以合法工作。

3. 绿卡与签证

移民签证的持有人在进入美国后，通常会获得绿卡。例如，通过家庭移民途径申请的签证持有人在入境美国后将自动成为永久居民。

七、案例分析

案例1：签证与身份

王先生持F-1学生签证进入美国，在完成学业后申请OPT，并获得EAD。在OPT期间，他找到一份工作，雇主为其申请H-1B签证，最终通过EB-2移民途径获得绿卡。

案例2：工作许可与绿卡

张女士通过婚姻途径申请绿卡。她在等待I-485审批期间，申请了EAD并获得工作许可。在绿卡批准后，她无需再续EAD，因为绿卡本身赋予了工作权利。

案例3：签证的限制

李先生持B-2旅游签证进入美国，但因滞留超过6个月，违反了签证条件。由于非法居留，他被视为不可入境，需要申请豁免才能再次获得签证。

八、总结

绿卡、工作许可和签证在美国移民体系中各自扮演着重要角色。签证是进入美国的通行证，工作许可为非移民身份提供合法工作的机会，而绿卡则赋予持有人永久居留和工作的权利。申请人应根据个人目标和背景选择适合的路径，并了解各类文件的申请流程及限制，从而确保合法居留和顺利达成目标。

第二部分：移民路径详解

4

家庭移民

配偶、子女和父母的资格要求

家庭移民是美国移民体系的重要组成部分，旨在促进家庭团聚。美国公民和永久居民可以为其直系亲属或某些优先类别的家庭成员申请移民签证。以下将详细介绍配偶、子女和父母的资格要求。

一、家庭移民的直系亲属类别

直系亲属是家庭移民中优先处理的类别，适用于以下三种关系：

1. 美国公民的配偶。
2. 美国公民的未满21岁未婚子女。
3. 美国公民的父母（申请人必须年满21岁）。

直系亲属类别的最大优势在于**没有年度配额限制**，申请速度较快。

二、配偶的资格要求

1. **基本要求**

    - **关系合法性**：申请人必须证明婚姻是真实且合法的。

    - **婚姻合法性证明**：需提交结婚证或其他官方记录，证明婚姻在缔结地合法有效。

    - **非虚假婚姻**：申请人需提供证据证明婚姻的真实性，而非为移民目的而伪造。

2. **额外要求**

    - 如果申请人是通过婚姻获得绿卡的永久居民，在申请新配偶移民时，需满足以下条件之一：

        ○ 已成为美国公民。

        ○ 已持绿卡至少5年，或证明最初婚姻真实。

3. **所需证明文件**

    - 有效的结婚证。

    - 显示婚姻真实性的支持文件，例如共同的银行账户、租约、房产文件或共同子女的出生证明。

    - 照片或通信记录，显示双方关系持续的证据。

4. 特殊情况

- **同性婚姻**：根据美国法律，同性婚姻在移民申请中与异性婚姻享有同等权益。

- **离婚后再婚**：需提供离婚文件，证明之前的婚姻已合法解除。

- **婚姻欺诈嫌疑**：如果移民官怀疑婚姻的真实性，可能要求双方参加面试或提供更多证据。

三、子女的资格要求

1. 子女的定义

根据《移民与国籍法》（INA），子女包括以下几种情况：

- **亲生子女**：需证明父母子女关系。

- **继子女**：继子女的父母与美国公民或绿卡持有者的婚姻需在子女18岁之前成立。

- **收养子女**：需在16岁之前完成合法收养，且收养人与子女共同居住至少两年。

- **非婚生子女**：如果子女是非婚生子女，需证明生物学关系和父母对孩子的法律责任。

2. 年龄和婚姻状态

- **未满21岁的未婚子女**：

- 美国公民的未满21岁未婚子女可作为直系亲属移民，无需排期。

    ○ 绿卡持有者的未婚子女需根据优先类别排期

- **已婚子女**：

    ○ 美国公民的已婚子女可申请，但属于第三优先类别，需等待排期。

3. 所需证明文件

- 出生证明，显示申请人与子女的法律关系。

- 继子女需提供结婚证和证明关系真实性的文件。

- 收养子女需提供合法收养文件和共同居住证明。

4. 特殊情况

- **儿童身份保护法（CSPA）**：

    ○ 如果子女在申请期间因年龄增长超过21岁，可根据CSPA法案保持"子女"身份，继续作为直系亲属处理。

四、父母的资格要求

1. 基本要求

- 申请人为美国公民，且年满21岁。

- 必须提交出生证明或其他证明父母与子女关系的文件。

2. 特殊情况

- **继父母**：

    - 申请人的父母与其生物父母的婚姻需在申请人18岁之前成立。

- **养父母**：

    - 需在申请人16岁之前完成合法收养，并共同居住至少两年。

3. 所需证明文件

- 申请人出生证明，显示父母姓名。

- 父母的身份证明文件，如护照或出生证明。

- 如果是继父母，需提供结婚证和显示婚姻真实性的文件。

4. 无需排期的优势

父母作为直系亲属，不受年度签证配额限制，申请处理时间通常较快。

五、经济担保要求

无论是配偶、子女还是父母，担保人必须证明有足够的经济能力支持申请人，以确保其不会成为美国的公共负担。

1. 担保人资格

- 担保人必须是年满18岁的美国公民或永久居民。

- 担保人的收入需达到或超过联邦贫困线的125%。

2. 必要文件

- 提交经济担保书（Form I-864）。

- 附上税单、工资单、银行存款证明等支持文件。

六、常见问题与注意事项

1. 如何处理申请过程中关系的变化？

- 如果子女结婚，其移民类别将从直系亲属转为优先
  类别。

- 如果担保人身份从绿卡持有者变为美国公民，申请
  类别将提升，处理时间可能缩短。

2. 面试中如何证明关系真实性？

- 准备充足的证明文件，如家庭合影、往来信件、共
  同财产记录。

- 面试时回答清晰、一致，避免产生疑虑。

3. 如何应对申请中的复杂情况？

- 如果涉及离婚、收养或特殊身份，建议咨询专业律
  师以确保文件准备充分并符合要求。

七、总结

配偶、子女和父母作为家庭移民的核心类别，享有优先处理权和多样化的资格路径。通过提供充分的证据证明家庭关系的真实性，并满足相关法律要求，可以加速申请进程，顺利实现家庭团聚。无论是申请过程中还是关系发生变化时，准确理解资格要求并及时调整策略是成功的关键。

优先类别与等待时间

家庭移民是美国移民法的重要组成部分，除直系亲属外，还包括家庭优先类别的移民。这些类别通常适用于美国公民或永久居民的某些亲属，且因年度配额限制需要排队等待。以下将详细说明家庭移民的优先类别、等待时间及其影响因素

一、家庭移民的优先类别

家庭移民的优先类别根据申请人与担保人的关系分为四类，分别为：

1. **第一优先类别**（F1）

  - **适用对象**：美国公民的未婚成年子女（21岁及以上）。

  - **签证名额**：每年配额约为23,400个（不包括未使用的直系亲属签证名额）。

2. 第二优先类别 (F2)

适用于美国永久居民的配偶、未婚子女及成年未婚子女，分为两类：

- **F2A**：永久居民的配偶和未婚子女（21岁以下）。

    - 这是第二优先类别中处理优先级最高的一类，等待时间通常较短。

- **F2B**：永久居民的成年未婚子女（21岁及以上）。

签证名额：第二优先类别每年总配额约为114,200个，其中F2A占77%。

3. 第三优先类别 (F3)

- **适用对象**：美国公民的已婚子女及其配偶和子女。

- **签证名额**：每年配额约为23,400个（包括未使用的其他类别名额）。

4. 第四优先类别 (F4)

- **适用对象**：美国公民的兄弟姐妹及其配偶和未婚子女（申请人必须年满21岁）。

- **签证名额**：每年配额约为65,000个。

二、家庭移民优先类别的等待时间

家庭移民的等待时间取决于签证配额、申请数量及申请人的出生国家。美国国务院每月发布的《签证公告表》（Visa Bulletin）提供了当前的排期信息。

1. 签证配额与排期

- 每个优先类别的年度配额有限，且根据申请量和未决案件数量决定实际等待时间。

- 部分国家（如印度、中国、墨西哥和菲律宾）因申请人数较多，排期可能显著延长。

2. 优先日期

优先日期是移民申请提交到美国公民及移民服务局（USCIS）的日期。签证名额可用时，该日期决定申请是否可以继续处理。

3. 当前排期进度

- "表A：最终裁定日期"（Final Action Dates）：显示移民签证或绿卡申请可被批准的最早日期。

- "表B：申请提交日期"（Dates for Filing Applications）：显示申请人何时可以提交相关文件。

三、等待时间的影响因素

1. 国家限制

家庭移民签证配额的7%分配给每个国家，这意味着来自申请人数较多国家的申请人通常需要更长时间。

2. 类别优先级

直系亲属移民（如美国公民的配偶、未满21岁的未婚子女及父母）无需排期，而优先类别的家庭移民则需等待签证名额

3. 政策变化

移民政策的变化可能影响签证分配。例如，某些行政令可能限制或调整特定类别签证的处理。

四、等待时间的典型案例

1. F1（美国公民的未婚成年子女）

   - 等待时间：通常为5-10年，具体取决于申请人的出生国。

   - 示例：一名墨西哥出生的申请人可能需要等待超过20年。

2. F2A（永久居民的配偶和未婚子女）

   - 等待时间：近年来F2A类别有时处于"当前"（Current）状态，无需排期。

   - 示例：一名印度永久居民的配偶可能在不到一年内获得签证。

3. F2B（永久居民的成年未婚子女）

- 等待时间：通常为5-15年，取决于出生国。

- 示例：菲律宾出生的申请人等待时间可能超过20年

4. F3（美国公民的已婚子女）

- 等待时间：通常为10-20年。

- 示例：一名中国出生的申请人等待时间可能约为15年。

5. F4（美国公民的兄弟姐妹）

- 等待时间：最长类别，通常超过15年。

- 示例：一名菲律宾出生的申请人等待时间可能超过25年。

五、如何应对等待时间

1. **提前提交申请**

- 尽早提交申请以锁定优先日期，避免因排期延后而增加等待时间。

2. **确保材料完整**

- 避免因申请材料不完整或错误导致的处理延误。

3. **定期检查排期**

- 关注美国国务院发布的签证公告表，了解优先日期是否可以继续处理。

4. **探索替代路径**

- 某些情况下，申请人可能通过其他方式（如就业移民）加快移民进程。

5. **申请加急处理（仅限某些情况）**

- 特殊情况下，如紧急家庭需求或医疗原因，申请人可尝试申请加急处理。

六、总结

家庭移民的优先类别和等待时间是许多申请人需要面对的重要问题。通过理解优先类别的特点、等待时间的影响因素，以及有效的应对策略，申请人可以更好地规划移民流程，实现家庭团聚的目标。在等待过程中，保持耐心、随时更新信息并咨询专业人士，是应对复杂移民程序的关键。

5

职业移民

雇主担保与职业优先类别

职业移民（Employment-Based Immigration）是美国移民体系的重要组成部分，旨在吸引高技能人才、填补劳动力市场空缺并推动经济增长。职业移民分为五个优先类别（Employment-Based Preference Categories，简称EB类别），其中大部分需要雇主担保。以下内容将详细解析雇主担保和职业优先类别的要求、特点、申请流程及注意事项。

一、职业移民的概述

职业移民的年度签证配额为140,000个，其中包括申请人及其配偶和子女。这些签证分配给五个优先类别：

- **第一优先（EB-1）**：杰出人才、杰出教授或研究员及跨国公司高管。

- **第二优先（EB-2）**：高等学历专业人士及特殊能力人士。

- **第三优先（EB-3）**：技术工人、专业人士和其他工人。

- **第四优先（EB-4）**：特殊移民，例如宗教工作者。

- **第五优先（EB-5）**：投资移民。

二、雇主担保在职业移民中的角色

雇主担保（Employer Sponsorship）是职业移民的核心环节之一。多数职业移民类别要求雇主为申请人提供担保，并证明其雇佣行为符合移民法的要求。

1. 雇主担保的主要职责

- **提交劳工证申请（PERM）**

  雇主需向美国劳工部（DOL）申请劳工证（Labor Certification），以证明没有合适的美国工人能胜任该职位。

- **提供真实的工作机会**

  雇主需向移民局（USCIS）证明，提供的工作机会是真实且符合申请人资格的。

- **支付合格工资**

  雇主需按照DOL规定支付不低于行业标准的工资。

2. 雇主担保的必要性

职业移民的EB-2和EB-3类别几乎都要求雇主担保，而EB-1类别中的杰出人才和国家利益豁免（NIW）则无需雇主担保。

三、职业优先类别的详细解析

第一优先（EB-1）：杰出人才、杰出教授或研究员、跨国公司高管

EB-1类别无需劳工证，是职业移民中处理速度最快的优先类别。

1. 杰出人才（EB-1A）

- 适用人群：在科学、艺术、教育、商业或体育领域具有杰出成就的申请人。

- 申请要求：申请人需满足以下条件之一：

  - 获得国际认可的奖项（如诺贝尔奖）。

  - 提供至少三项辅助证明材料，例如专业协会会员资格、行业重要贡献或知名媒体报道。

- 是否需要雇主担保：无需。

  -

2. **杰出教授或研究员（EB-1B）**

    ○ 适用人群：在学术领域具有国际认可的成就，并拥有至少三年教学或研究经验的申请人。

    ○ 申请要求：

        ■ 必须由美国学术机构或研究机构雇佣。

        ■ 提供证明学术成就的文件。

    ○ 是否需要雇主担保：需要。

3. **跨国公司高管或经理（EB-1C）**

    ○ 适用人群：跨国公司派驻美国的高管或经理。

    ○ 申请要求：

        ■ 在过去三年中，申请人在公司海外分部至少担任高管或经理职务一年。

        ■ 证明该职位符合美国移民法定义的"高管或经理"标准。

    ○ 是否需要雇主担保：需要。

第二优先（EB-2）：高等学历专业人士及特殊能力人士

EB-2类别适用于拥有高等学历或特殊能力的申请人，通常需要雇主担保，但国家利益豁免（NIW）是例外。

1. **高等学历专业人士**

   ○ 适用人群：需硕士学位或更高学历，或学士学位加五年以上相关工作经验。

   ○ 申请要求：

      ■ 提供学历证书及相关证明。

      ■ 雇主需提交劳工证申请（PERM）。

   ○ 是否需要雇主担保：通常需要。

2. **特殊能力人士**

   ○ 适用人群：在科学、艺术或商业领域拥有超出普通水平的专业技能和成就。

   ○ 申请要求：

      ■ 提供至少三项辅助证明材料，如行业贡献、专业奖项或高薪资证明。

   ○ 是否需要雇主担保：通常需要。

3. **国家利益豁免 (NIW)**

   ○ 适用人群:申请人证明其工作对美国的国家利益具有重大贡献。

   ○ 申请要求:

      ■ 提供具体证据说明工作的潜在国家利益。

      ■ 符合Matthews三要素测试:工作的重要性、国家范围的影响、无需雇主担保的合理性。

   ○ 是否需要雇主担保:无需。

第三优先 (EB-3) :技术工人、专业人士和其他工人

EB-3类别适用于学历或经验要求相对较低的申请人,但需要劳工证和雇主担保。

1. **技术工人**

   ○ 适用人群:需至少两年以上工作经验或培训

   ○ 是否需要雇主担保:需要。

2. **专业人士**

   ○ 适用人群:需拥有学士学位或同等学历。

   ○ 是否需要雇主担保:需要。

3. **其他工人**

    ○ 适用人群：从事无需两年以上经验的非技术性工作。

    ○ 是否需要雇主担保：需要。

    ○ 等待时间：此类别排期通常较长。

第四优先（EB-4）：特殊移民

EB-4类别针对特定特殊人群，包括宗教工作者、国际组织雇员等。此类别无需劳工证，但大部分情况需由雇主担保。

第五优先（EB-5）：投资移民

EB-5类别通过投资创造就业的方式获得绿卡，申请人无需劳工证或雇主担保。

四、职业移民的申请流程

职业移民的申请流程通常包括以下几个阶段：

1. **劳工证申请（PERM）**

    ○ 雇主需向DOL证明没有合适的美国工人能够胜任该职位。

2. **移民请愿（Form I-140）**

    ○ 雇主为申请人提交移民请愿，或申请人自行提交（如EB-1A、NIW）。

3. 身份调整或签证申请

- o 如果申请人已经在美国，可以提交I-485调整身份申请。

- o 如果申请人身在国外，则需通过美国驻外使领馆申请移民签证。

五、雇主担保的常见挑战与解决方案

1. 劳工证审批失败

- **挑战**：劳工证审批可能因招聘过程不符合要求或申请信息不足而被拒。

- **解决方案**：雇主需提供详细的招聘记录，并确保职位要求合理。

2. 工作职位真实性的质疑

- **挑战**：USCIS可能质疑提供的工作是否真实。

- **解决方案**：提供详细的职位描述、公司财务状况及招聘需求证明。

3. 签证排期延长

- **挑战**：某些国家的职业移民申请人可能面临较长的签证排期。

- **解决方案**：提前规划申请流程，尽早锁定优先日期

六、职业移民的优势与注意事项

1. 优势

- 为高技能人才和投资者提供合法移民途径。

- 促进美国经济发展和技术创新。

- 允许家庭成员同时获得移民福利。

2. 注意事项

- 申请材料需真实、完整且符合规定。

- 了解目标类别的签证排期，并合理规划时间。

- 咨询专业律师以确保流程顺利。

七、总结

职业移民通过雇主担保和职业优先类别为全球人才提供了进入美国的重要途径。理解各优先类别的特点、雇主担保的作用及申请流程，是实现移民目标的关键。无论是雇主还是申请人，提前规划、充分准备并遵守移民法规，都是成功的基础。

特殊职业及投资移民（EB-5）解析

职业移民包括多个类别，除了常见的雇主担保路径外，还包含一些特殊职业以及不依赖雇主的投资移民（EB-5）。这些途径为特定职业或具有经济实力的申请人提供了获得美国永久居民身份的机会。以下将详细解析特殊职业（EB-4类别）及投资移民（EB-5类别）的特点、申请条件和流程。

一、特殊职业移民（EB-4类别）

特殊职业移民（Special Immigrant Visa）主要适用于以下几类人群，他们因特定职业或身份获得移民资格。

1. 宗教工作者

- **适用人群**：为宗教组织工作的牧师、神职人员或其他宗教职业者。

- **资格要求**：

    - 必须至少连续两年为同一宗教组织服务。

    - 申请人需要担任宗教职务（如神职人员）或履行宗教相关职责。

- **雇主担保**：宗教组织需为申请人提供担保。

- **豁免劳工证**：宗教工作者不需申请劳工证。

2. 国际组织雇员及其家属

- **适用人群**：为联合国等国际组织工作的人员，或这些人员的配偶和未成年子女。

- **资格要求**：

    ○ 申请人需至少为相关国际组织工作数年。

- **特别程序**：这些申请人需通过美国国务院进行特别处理。

3. 美国武装部队成员

- **适用人群**：为美国武装部队服务的外籍人员。

- **资格要求**：

    ○ 需提供相关服务的证明文件。

4. **特殊情况的其他申请人**

- 包括退役的北约雇员、翻译人员、某些美国政府雇员的家属等。

5. **申请流程**

- 雇主或申请人提交I-360表格。

- 通过审核后，申请人可提交I-485调整身份或申请移民签证。

二、投资移民（EB-5类别）

投资移民（Employment-Based Fifth Preference, EB-5）是职业移民中的第五优先类别，旨在吸引外国投资者，通过投资促进经济增长并创造就业机会。

1. EB-5的基本要求

   - **最低投资金额**：

     ○ 在目标就业区域（Targeted Employment Area, TEA）：最低投资额为80万美元。

     ○ 在非目标就业区域：最低投资额为105万美元。

   - **创造就业机会**：

     ○ 投资必须直接或间接创造至少10个全职就业机会。

     ○ 全职工作定义为每周至少35小时。

   - **投资方式**：

     ○ 可以通过直接投资，例如建立新企业。

     ○ 或通过区域中心（Regional Center）投资项目。

2. 目标就业区域（TEA）

   - **定义**：

     ○ 高失业率区域：失业率至少为全国平均水平的1.5倍。

     ○ 偏远地区：人口不足20,000的地区。

- **优先优势**：TEA区域的投资门槛较低，有助于吸引更多投资者。

3. 投资项目类型

- **直接投资**：

  - 投资者自己创立企业并直接管理运营。

  - 必须独立证明创造的就业机会。

- **区域中心投资**：

  - 区域中心是获得美国移民局（USCIS）批准的实体，集中管理投资项目。

  - 投资者无需直接参与企业管理，且就业创造的计算更为灵活，包括直接和间接就业。

4. 投资移民的申请流程

- **第一步：提交I-526E移民请愿**

  - 投资者需证明资金来源合法并满足最低投资要求。

- **第二步：等待签证名额**

  - 若投资人所在国家的申请人数超过配额（如中国），需排队等待。

- **第三步：获得有条件永久居民身份**

  ○ 在I-526E批准后，投资者可获得为期两年的有条件绿卡。

- **第四步：解除条件**

  ○ 在有条件绿卡到期前90天内提交I-829申请，证明投资仍符合要求，解除绿卡限制。

5. **EB-5的优势**

- **无需雇主担保**：完全基于个人投资，避免依赖雇主。

- **家庭成员受益**：申请人的配偶及未满21岁的未婚子女可同时获得绿卡。

- **路径灵活**：投资者可选择直接或区域中心投资，适应不同风险偏好和管理能力的需求。

6. **风险与注意事项**

- **投资风险**：投资项目必须是真实且有风险的商业投资，不能有资金返还的保证。

- **资金来源合法性**：需提供详细的资金来源证明，如资产出售、赠与或合法收入。

- **移民局审查严格**：申请人需详细说明就业创造的过程及其符合性。

三、特殊职业与投资移民的比较

特性	特殊职业移民 （EB-4）	投资移民 （EB-5）
适用人群	特定职业或身份的人群，如宗教工作者、国际组织雇员	高净值投资者
是否需雇主担保	部分需要	不需要
资金要求	无资金要求	投资80万或105万美元
审批流程	提交I-360表格	提交I-526E和I-829表格
对申请人参与要求	部分职业需长期服务记录	直接投资需参与管理，区域中心无要求
移民配额及排期	配额较充足，排期相对短	某些国家可能面临排期，如中国

四、EB-5改革后的最新变化

1. 《EB-5现代化改革法案》的影响

   - **最低投资额调整**：将投资额提高至80万美元（TEA）和105万美元（非TEA）。

   - **区域中心的监管加强**：区域中心需提交更详细的年度报告。

- **签证预留**：为TEA、农村地区及基础设施项目预留签证配额。

2. 其他变化

- **优先日期保留**：允许投资者因项目原因重新提交I-526E时保留原优先日期。

- **灵活的就业计算**：区域中心项目的就业创造计算更为宽松。

五、总结

特殊职业和投资移民（EB-5）是职业移民体系中灵活而多样化的部分，为不同背景的申请人提供了进入美国的机会。特殊职业移民强调申请人与其职业的联系，如宗教服务或国际组织雇员，而EB-5则通过投资促进经济发展并创造就业。两者在申请条件和程序上差异显著，但都需要申请人提供真实且充分的支持材料。

申请人应根据自身背景、经济能力和目标选择适合的路径，同时关注政策变化并准备充分的文件，以确保移民申请顺利进行。

6

人道主义移民

庇护与难民身份申请

庇护（Asylum）和难民身份（Refugee Status）是美国人道主义移民体系的重要组成部分，旨在为那些因迫害或其他极端风险无法返回本国的人提供保护。以下将详细解析庇护与难民身份的定义、申请条件、程序和注意事项。

一、庇护与难民身份的定义

1. **庇护（Asylum）**

- **适用对象**：已经进入美国或在美国边境的外国人，因害怕返回本国而申请保护。

- **保护内容**：庇护成功的申请人可以在美国合法居留，获得工作许可，并最终申请永久居民身份（绿卡）。

2. **难民身份（Refugee Status）**

- **适用对象**：尚未进入美国的外国人，因迫害或严重风险申请保护，通常通过美国驻外使领馆或联合国

特性	庇护（Asylum）	难民身份（Refugee Status）
申请地点	美国境内或边境	美国境外
申请条件	相同：需证明面临迫害的现实威胁	相同：需证明面临迫害的现实威胁
受益人资格	庇护批准后，申请人可申请家属加入	难民身份自动涵盖配偶及未成年子女

难民署（UNHCR）转介申请。

- **保护内容**：被批准为难民后，可直接移民美国并获得合法居留身份。

3. 共同点与区别

二、庇护与难民身份的申请条件

申请人必须符合以下条件：

1. 迫害的五大理由

- 因种族、宗教、国籍、特定社会群体或政治观点遭受迫害或有合理担忧将遭受迫害。

- 需提供明确证据，证明威胁是真实且针对申请人的。

2. 迫害的定义

- **直接迫害**：例如监禁、暴力、酷刑。

- **间接迫害**：例如家人遭受迫害或社会排斥。

3. **政府或非国家行为者的迫害**

- 迫害必须由本国政府实施，或由政府无法控制的非国家行为者实施。

4. **无法获得本国保护**

- 申请人必须证明其本国无法或不愿提供保护。

- 内部重新安置（Internal Relocation）：如果申请人能够安全地迁往本国其他地区，可能会导致申请被拒。

三、庇护与难民身份的申请流程

1. **庇护申请流程**

- **提交申请**：

- 使用Form I-589（庇护及扣留遣返申请表）提交申请。

- 申请需在入境美国后一年内递交，除非存在合理的延误理由。

- **面谈与审查**：

  - 申请人需参加庇护面谈，由美国公民及移民服务局（USCIS）庇护官进行审查。

  - 面谈重点包括申请人的迫害经历及其陈述的真实性。

- **决定结果**：

  - 批准：申请人获得庇护身份。

  - 转交移民法庭：如果申请被拒且申请人无合法身份，案件将转交移民法庭进行听证。

2. 难民身份申请流程

- **转介申请**：

  - 难民通常通过联合国难民署或美国驻外使领馆进行初步筛选和转介。

- **背景调查与面试**：

- 由美国国务院和国土安全部（DHS）进行背景调查和安保审查。

- 难民需参加面试，由USCIS官员评估其资格。

- **安置与入境**：

    - 被批准为难民后，申请人将被分配至美国的难民安置机构，帮助其适应新生活。

四、庇护与难民身份的权益与限制

1. **权益**

- **合法居留**：持庇护或难民身份者可合法居住在美国。

- **工作许可**：获批后，可申请工作许可（EAD）。

- **申请绿卡**：获批一年后可申请永久居民身份。

- **家属加入**：庇护获批后，可通过I-730申请配偶及未成年子女加入。

2. **限制**

- **返回原籍国**：持庇护或难民身份者不能返回原籍国，否则可能失去庇护资格。

- **申请限制**：庇护申请人需在一年内提交申请，逾期可能被拒。

五、庇护与难民身份的挑战与注意事项

1. 申请中的常见挑战

   - **证据不足**：

     ○ 申请人需提供可信的证据支持其主张，包括文件、证人声明或相关报道。

   - **语言障碍**：

     ○ 申请人可在面试中要求口译服务，但需提前申请。

   - **面试和听证中的陈述一致性**：

     ○ 申请人需在面试和听证中保持陈述一致，避免因矛盾导致被拒。

2. 拒绝申请后的救济途径

   - **上诉**：

     ○ 如果庇护申请被移民法庭拒绝，申请人可向移民上诉委员会（BIA）提出上诉。

   - **豁免申请**：

     ○ 某些情况下，申请人可通过豁免程序恢复其资格。

     ### 六、案例分析

     案例1：庇护申请成功案例

李先生是一名记者，因在国内报道政府腐败问题遭到威胁。他入境美国后，在一年内提交了I-589申请，提供了文章、威胁信件及目击者声明作为证据。经过面试后，李先生的庇护申请获批，并在一年后成功申请绿卡。

案例2：难民身份申请成功案例

张女士因其宗教信仰遭受迫害，被迫逃离本国。通过联合国难民署的转介，她成功申请难民身份，并在抵达美国后获得安置。张女士随后申请工作许可并融入社区生活。

七、总结

庇护与难民身份是美国移民体系的重要保护机制，为面临迫害或极端风险的个人提供了安全的避风港。尽管申请过程复杂且要求严格，但通过准备充分的证据、真实陈述经历并遵循法律程序，申请人可以有效利用这些保护途径。及时咨询专业法律人士并熟悉相关流程是成功的关键。

○ U签证与T签证

美国的U签证和T签证是人道主义移民体系中的重要组成部分，旨在为某些犯罪受害者及人口贩运受害者提供保护和合法身份。这两种签证不仅保护了受害者的权益，还鼓励他们配合执法机构调查和起诉犯罪活动。以下将详细解析U签证与T签证的适用人群、申请条件、权益及注意事项。

一、U签证概述

1. 定义与适用对象

U签证（U Nonimmigrant Visa）是为某些犯罪的受害者设计的一种非移民签证，适用于因犯罪而遭受身体或精神虐待的受害者。这些受害者需要配合美国执法机构调查或起诉犯罪活动。

2. 适用犯罪类型

U签证适用于以下严重犯罪的受害者，包括但不限于：

- 家庭暴力
- 性侵
- 人口贩运
- 强迫劳动
- 绑架
- 敲诈勒索
- 杀人未遂
- 其他导致严重身体或心理伤害的犯罪

3. 申请条件

- **犯罪受害者身份**：申请人需证明自己是某项合格犯罪的直接受害者。

- **严重伤害**：申请人需因犯罪经历遭受身体或心理伤害。

- **配合执法**：申请人需配合执法机构调查或起诉犯罪活动。

- **犯罪发生地点**：犯罪需发生在美国境内，或犯罪者违反美国法律。

4. **申请流程**

- **Form I-918**：提交U签证申请表。

- **执法支持证书（Form I-918B）**：执法机构需签署表格，证明申请人配合调查。

- **证据支持**：提供医疗报告、心理评估、犯罪报告等证明材料。

5. **U签证的权益**

- **合法居留**：U签证持有人可在美国居留四年。

- **工作许可**：自动获得工作授权。

- **家庭成员**：申请人的配偶、子女及某些情况下的父母和未婚兄弟姐妹可申请衍生签证。

- **绿卡申请**：持U签证三年后，可申请调整为永久居民身份。

6. 年度配额限制

每年最多发放10,000个U签证（不包括衍生签证）。由于需求量大，可能需要较长时间等待审批。

二、T签证概述

1. 定义与适用对象

T签证（T Nonimmigrant Visa）是专为人口贩运的受害者设计的一种非移民签证，旨在保护被强迫劳动或性交易的受害者。

2. 适用受害者类型

T签证适用于以下情况的受害者：

- **强迫劳动**：通过威胁、强迫或欺诈手段强迫从事劳动或服务。

- **性交易**：受害者被强迫从事商业性行为。

3. 申请条件

- **人口贩运受害者身份**：申请人需证明自己是人口贩运的直接受害者。

- **目前在美国**：申请人需因人口贩运而身处美国或被带入美国。

- **执法配合**：一般情况下，申请人需协助执法机构调查或起诉人口贩运行为（未成年人或因创伤无法配合的受害者可豁免）。

- **极端困难**：申请人需证明被遣返本国将导致严重困难或风险。

4. **申请流程**

- **Form I-914**：提交T签证申请表。

- **执法支持证书（Form I-914B）**：执法机构需确认申请人配合调查。

- **证据支持**：提供详细说明人口贩运经历的证据，例如警方报告、医疗报告或心理评估。

5. **T签证的权益**

- **合法居留**：T签证持有人可在美国居留四年。

- **工作许可**：自动获得工作授权。

- **家庭成员**：T签证可涵盖配偶、子女及某些情况下的父母和未婚兄弟姐妹。

- **绿卡申请**：持T签证三年后，或在执法机构完成调查后，可申请永久居民身份。

- **公共福利**：T签证持有人可申请某些联邦和州级福利。

6. 年度配额限制

每年最多发放5,000个T签证（不包括衍生签证）。尽管配额充足，但申请过程严格。

三、U签证与T签证的对比

特性	U签证	T签证
适用对象	某些严重犯罪的受害者	人口贩运的受害者
执法配合要求	必须配合执法	一般要求配合（未成年人或特殊情况可豁免）
年度配额	每年10,000个	每年5,000个
绿卡申请	持U签证三年后可申请	持T签证三年后或执法调查完成后可申请
公共福利	无特别福利	可申请某些公共福利

四、注意事项与挑战

1. 证据收集的重要性

- 申请人需提供详细的证据支持其申请，包括医疗报告、心理评估、犯罪报告或执法机构的支持文件。

- 证据不足可能导致申请被拒。

2. **执法支持的困难**

   - 某些执法机构可能因案件复杂性或资源限制而不愿签署支持文件。

   - 申请人可寻求专业律师或社区组织的协助。

3. **申请等待时间**

   - 由于高需求，U签证申请的等待时间可能超过5年。T签证通常较快，但需准备充分材料。

4. **申请被拒后的救济途径**

   - 申请被拒后，申请人可向移民上诉委员会（BIA）或联邦法院提出上诉。

   - 在某些情况下，申请人可重新提交申请。

五、案例分析

案例1：U签证的成功申请

王女士在美国因家庭暴力受到严重伤害，她向当地执法机构报案并配合调查。通过提交Form I-918和警方报告，她的U签证申请获批。在持U签证居留三年后，王女士申请了绿卡，并获得批准。

案例2：T签证的成功申请

张先生因被欺骗到美国从事强迫劳动，他向执法机构举报了犯罪行为，并提供了详尽的证据。通过Form I-914申请T签证后，他获得了合法居留权。在持T签证居留三年后，他申请了永久居民身份，并顺利获批。

六、总结

U签证和T签证为犯罪受害者和人口贩运受害者提供了重要的保护路径。这两种签证不仅为受害者提供了合法身份，还帮助他们重新建立生活，同时促进执法机构打击犯罪行为。申请人需根据自身情况选择适合的签证类型，并准备充分的支持材料以提高成功率。如果申请过程复杂，寻求专业法律援助是明智的选择。

7

其他移民途径

多元化签证抽签

（DV Lottery）

多元化签证抽签（Diversity Visa Lottery，简称DV Lottery）是美国移民体系中的一项特殊计划，旨在通过抽签的方式为移民来源较少的国家公民提供移民美国的机会。这一计划是根据《1990年移民法案》设立的，每年提供50,000个移民签证，向符合条件的申请人随机发放。以下将详细介绍DV抽签的背景、申请资格、程序和注意事项。

一、DV签证抽签的背景与目的

1. 背景

DV Lottery的设立初衷是促进美国移民群体的多样性，弥补传统移民途径中的国家和地区分配不均问题。它为移民来源较少的国家提供了一种平等的移民机会。

2. 目的

● 增加美国移民的多样性。

● 吸引来自移民人数较少国家的申请人。

● 平衡全球各地区移民分布。

二、DV签证的申请资格

1. **国籍要求**

● **低移民率国家**：申请人必须是来自过去五年内向美国移民人数低于法定上限的国家。

● **不符合条件的国家**：如果某一国家的移民人数过多，例如印度、中国、墨西哥和菲律宾，该国公民通常不符合DV Lottery的申请资格。

● **配偶和父母的国籍**：如果申请人本人的出生国不符合要求，但其配偶或父母的出生国符合条件，可以通过相关规则申请。

2. **教育或工作经验要求**

● **最低教育要求**：申请人需至少完成高中教育或同等学历。

● **工作经验**：如果未达到教育要求，申请人需在过去五年中从事一份需要至少两年培训或经验的工作。工作资格需通过美国劳工部的职业数据库（O*Net Online）验证。

3. 年龄限制

 - DV抽签没有明确的年龄限制，但由于需要满足教育或工作经验要求，申请人通常需年满18岁。

三、DV签证的申请流程

1. 在线注册

 - **时间**：每年10月至11月开放注册，具体日期由美国国务院公布。

 - **方式**：通过指定的网站（dvprogram.state.gov）免费提交申请。

 - **表格要求**：填写电子申请表格（Form DS-5501），包括个人信息、教育背景和联系方式。

2. 提交照片

 - **照片规格**：申请人需提交符合要求的电子照片，包括背景、尺寸和质量规定。

 - **家庭成员照片**：如果申请人有配偶和未成年子女，需为每位家庭成员提交符合标准的照片。

3. 获取确认号码

 - 提交申请后，系统会生成一个唯一的确认号码，申请人需妥善保存，用于后续查询抽签结果。

4. 抽签与结果查询

- **抽签过程**：通过随机计算机程序进行抽签。

- **结果查询**：申请人可于次年5月至9月期间登录指定
  网站，使用确认号码查询抽签结果。

- **无邮件通知**：美国政府不会通过邮件或电话通知申
  请结果，任何相关邮件可能为诈骗。

5. 中签后步骤

- 中签者需提交移民签证申请（Form DS-260）并支付
  签证费用。

- 参加面试并通过背景审查。

- 签证获批后，中签者需在签证有效期内入境美国。

四、DV签证的配额分配

1. 地区分配

DV签证按照六个地区分配，优先向移民来源较少的地区发放
：

- 非洲

- 亚洲

- 欧洲

- 北美洲

- 大洋洲

- 南美洲及加勒比地区

2. 国家限制

每个符合条件的国家每年最多分配7%的签证总额，以防止某些国家占用过多配额。

五、DV签证的权益与限制

1. 权益

- **永久居留权**：持DV签证的申请人可获得绿卡。

- **家庭成员移民**：中签者的配偶和未满21岁的未婚子女可同时申请移民。

- **就业与教育机会**：持绿卡者可在美国自由工作、学习，并享受许多社会福利。

2. 限制

- **中签非保证移民**：中签后，申请人仍需通过签证申请和面试，未能满足条件可能被拒签。

- **年度有效性**：中签者必须在签证年度结束前完成移民程序，逾期无效。

- **欺诈风险**：提供虚假信息可能导致永久禁止入境。

六、常见问题与注意事项

1. **可以多次申请吗？**

   - 每年仅能提交一份申请，多次提交将导致所有申请被取消。

   - 配偶双方可以分别提交申请，提高中签机会。

2. **如何避免诈骗？**

   - DV Lottery申请完全免费。任何声称收费的第三方网站均可能是骗局。

   - 美国政府不会通过邮件或电话通知中签，申请人需自行查询结果。

3. **提交申请的注意事项**

   - 确保填写的信息真实、准确且完整。

   - 照片需符合规格，使用不符合要求的照片可能导致申请被取消。

   - 妥善保存确认号码，以便后续查询。

七、成功案例分析

案例1：单身申请者中签

刘女士来自符合条件的国家，通过完成高中教育满足了最低学历要求。在提交电子申请表后，她成功中签并在面试中提供了完整的背景信息及教育证明，最终获得绿卡。

案例2：家庭申请者中签

张先生和妻子分别提交了个人申请表，妻子的申请成功中签。作为配偶，张先生和其未成年子女也通过家庭关系获得移民资格，一家人顺利移民美国。

八、总结

多元化签证抽签（DV Lottery）为来自移民来源较少国家的个人提供了公平竞争的移民机会。尽管程序简单且无费用，但由于竞争激烈和抽签随机性，申请成功率较低。为确保成功完成申请，申请人需充分准备，准确填写信息，并遵守所有规则。如果中签，及时完成后续程序尤为重要，以免错失获得绿卡的机会。

○ 临时保护身份（TPS）与童年抵美者（DACA）

临时保护身份（Temporary Protected Status, TPS） 和 **童年抵美者暂缓遣返计划（Deferred Action for Childhood Arrivals, DACA）** 是美国移民政策中的两项重要计划，旨在为特定群体的外国人提供临时保护。这两项计划都不属于移民身份，但为符合条件的人提供合法居留和工作许可的机会。以下将详细解析TPS与DACA的背景、申请条件、程序及注意事项。

一、临时保护身份 (TPS)

1. 定义与背景

TPS 是美国国土安全部 (DHS) 为因特殊情况 (如战争、自然灾害) 无法安全返回本国的外国人提供的临时合法身份。这一政策旨在保护来自特定国家的公民免遭遣返。

2. TPS适用国家

- **条件**：TPS仅适用于被指定的国家，这些国家因内战、环境灾害或其他临时问题被列为TPS国家。

- **当前指定国家**（根据年份变化）：如海地、委内瑞拉、阿富汗、乌克兰等。

3. 申请条件

- **国籍要求**：申请人必须是TPS指定国家的公民，或在该国没有国籍但长期居住。

- **连续居住**：申请人需证明在指定日期前已进入美国并连续居住。

- **无犯罪记录**：申请人不得有重大犯罪记录或两次以上轻罪记录。

4. 权利与限制

- **合法身份**：TPS持有人可合法留在美国，但该身份是临时的，不是移民身份。

- **工作许可**：可申请工作许可（EAD）。

- **出行许可**：可申请旅行文件（Advance Parole）用于离开和返回美国。

- **限制**：TPS不提供直接申请绿卡或公民身份的路径。

5. **申请流程**

- **Form I-821**：提交TPS申请表。

- **Form I-765**（可选）：申请工作许可。

- **支持文件**：包括护照、入境证明、国家身份证明和无犯罪记录证明。

- **申请时间**：TPS申请有严格的时间窗口，需在指定期限内递交。

6. **TPS的续期与终止**

- **续期**：如果指定国家的条件未改善，DHS可能延长TPS有效期。

- **终止**：当DHS决定某国不再需要TPS保护时，该计划可能被终止，受益人需转换身份或离开美国。

二、童年抵美者暂缓遣返计划（DACA）

1. 定义与背景

DACA 是2012年奥巴马政府推出的一项行政措施，旨在为童年时期非法入境美国的年轻人提供暂时的合法身份和工作许可。这些被称为"梦想者"（Dreamers）的群体，因年龄较小时随家人进入美国而没有合法身份。

2. 申请条件

- **年龄要求**：

  ○ 申请人必须在2007年6月15日之前抵达美国，并在2012年6月15日时未满31岁。

  ○ 抵达美国时年龄必须在16岁以下。

- **居住要求**：

  ○ 必须从2007年6月15日起持续居住在美国。

- **教育或服役要求**：

  ○ 申请人需正在就读、已高中毕业或获得GED证书，或曾服役于美国军队并已光荣退伍。

- **无犯罪记录**：

  ○ 申请人不得有重大犯罪记录、重罪记录或对国家安全的威胁。

3. **权利与限制**

- **合法身份**：DACA提供暂时性的合法居留，但不是正式移民身份。

- **工作许可**：DACA持有人可申请工作许可（EAD）。

- **旅行许可**：DACA持有人可申请Advance Parole，用于离境和重新入境。

- **限制**：DACA不提供直接申请绿卡或公民身份的途径。

4. **申请流程**

- **Form I-821D**：提交DACA申请表。

- **Form I-765**：申请工作许可。

- **支持文件**：包括出生证明、教育记录、居住证明和无犯罪记录证明。

- **费用**：申请费用通常包括工作许可的相关费用。

5. **DACA的续期与法律挑战**

- **续期**：DACA持有人需每两年续期一次。

- **法律挑战**：

  - 自推出以来，DACA一直面临法律和政治挑战。部分法院裁定暂停接受新申请，但续期申请仍然有效。

o DACA的未来取决于立法和法院裁决。

三、TPS与DACA的对比

特性	TPS（临时保护身份）	DACA（童年抵美者计划）
适用人群	来自特定TPS国家的公民	童年非法抵美的年轻人
合法身份	提供临时合法身份	提供暂缓遣返的合法身份
工作许可	可申请工作许可	可申请工作许可
移民途径	无直接移民途径	无直接移民途径
有效期	随国家TPS状态决定，可能续期	每两年续期
申请限制	必须来自指定国家	必须在指定时间抵达美国
旅行许可	可申请Advance Parole	可申请Advance Parole

四、TPS与DACA的常见问题与注意事项

1. 是否可以转换其他移民身份？

- **TPS持有人**：如果持有人满足其他移民资格（如家庭或职业移民），可以申请调整身份。

- **DACA持有人**：DACA持有人通常需通过其他方式（如婚姻绿卡）获得移民身份。

2. **TPS或DACA终止后怎么办？**

- 如果TPS或DACA计划被终止，受益人可能需离开美国，或探索其他合法身份途径。

3. **法律挑战的影响**

- TPS和DACA都面临法律和政策的不确定性，申请人需关注最新政策，并咨询专业律师以规划未来。

五、案例分析

案例1：TPS成功申请

来自海地的王先生因地震后无法返回本国申请TPS。他提供了居住证明、护照和入境记录，并获得工作许可及临时身份。之后，他通过婚姻移民调整为永久居民身份。

案例2：DACA成功续期

李女士在童年时非法入境美国。她成功申请DACA，并每两年续期一次。她完成大学学业后，通过就业获得H-1B签证，并计划申请绿卡。

六、总结

TPS 和 DACA 是美国移民政策中保护特定群体的重要措施，为受益人提供了暂时的合法身份和基本权利。尽管这两项计划没有直接通往永久居民身份的途径，但它们为许多人提供了稳定的生活和工作机会。在未来，TPS和DACA的申请人应密切关注政策变化，并积极探索合法身份的其他可能途径，同时寻求专业建议以规划长期移民目标。

第三部分：移民程序解析

8

移民申请文件准备

必要文件清单与翻译要求

必要文件清单与翻译要求

在申请美国签证、移民或其他合法身份的过程中，文件的准备与翻译至关重要。提交的文件不仅需要证明申请人的资格和符合条件，还需满足美国移民局（USCIS）或国务院（DOS）的特定要求。对于非英语文件，美国移民法规要求提供完整准确的翻译以及翻译认证。以下内容将详细阐述不同申请所需的文件清单及翻译要求，并提供实用建议以确保申请的顺利进行。

一、必要文件清单

1. 个人身份文件

这些文件是所有申请的基础，用于确认申请人的身份和国籍：

- **护照**：包括护照首页（个人信息页）和所有签证页的复印件。如果护照遗失或即将过期，需提供官方的补充文件或更新后的护照。

- **出生证明**：

  - 包含申请人的出生日期、出生地、父母姓名等信息。

  - 在某些国家，若无法提供官方出生证明，可用医院记录、宗教证明或家庭户籍记录作为替代文件。

- **国籍证明**：如国民身份证、居住证或其他能够证明国籍的文件。

- **婚姻状况证明**：

  - 结婚证、离婚证明或配偶的死亡证明（如适用）。

  - 需要确保文件上显示清晰的登记机关名称和日期。

- **照片**：根据具体申请要求提交符合规定的数码照片或纸质照片（如签证照片规格为2x2英寸，白色背景，无反光）。

2. 入境与居留文件

此类文件用于证明申请人如何进入美国以及当前的居留状况：

- **I-94入境记录**：电子版或纸质记录，显示最近一次入境信息。

- **签证复印件**：包括当前或过往签证的记录，用于确认申请人的合法身份。

- **移民身份文件**：

  ○ 持有非移民身份的申请人需提供批准通知（如I-797表格）。

  ○ 如果已提交身份调整申请（I-485），需附上USCIS的收据或批准通知。

3. **财务文件**

用于证明申请人或担保人在经济上有能力支持申请人：

- **经济担保书（I-864或I-134）**：

  ○ 提交担保人的税单（通常为最近三年的税务记录）、工资单或雇佣证明。

  ○ 如果担保人收入不足，可提供银行存款、房产或其他资产证明。

- **申请人的资产证明**：如银行对账单、投资账户或不动产文件。

4. **教育与工作文件**

根据不同申请类别，可能需要提供教育背景和工作经历相关的文件：

- **学历证明**：包括毕业证书、学位证书和成绩单，尤其是在申请H-1B签证或职业移民（EB类）时。

- **工作证明**：雇主推荐信、劳动合同、工资单、税务文件。

- **专业认证**：某些职业（如医生、律师）可能需要提交职业资格证书或专业执照。

5. **健康与安全相关文件**

这些文件用于证明申请人的身体健康状况及无犯罪记录：

- **移民体检报告（Form I-693）**：

    ○ 申请人在美国移民局指定的医生处完成体检。

    ○ 包括疫苗接种记录、健康评估和结核病检测结果。

- **无犯罪记录证明**：

    ○ 从居住国或任何过去居住超过6个月的国家获取警方报告。

    ○ 必须涵盖申请人14岁之后的所有犯罪背景信息。

6. **支持申请的辅助文件**

- **家庭关系证明**：

- 　　○　家庭移民申请需提交共同生活的证据，如共同银行账户、房屋租约、子女出生证明。

- **声明或证人证词**：

  - ○　如果某些事实无法通过文件证明，可提交声明信，详细解释情况，并附上证人签名。

- **特殊申请相关文件**：

  - ○　庇护申请需提供迫害证据，如媒体报道、警方报告、医学证明等。

二、翻译要求

美国移民局和国务院对于非英语文件有明确的翻译要求，所有非英语文件都需翻译成英语，并附上翻译认证声明。

1. 翻译文件的基本要求

- **语言要求**：翻译件必须是准确的英文版本，所有内容都需完全翻译，包括文字、印章、签名和文件注释。

- **完整性**：不得省略原件的任何部分，需逐字逐句翻译。

- **翻译的专业性**：

  - ○　翻译人员需熟练掌握原文件语言和英语，但不需持有正式认证资格。

○ 申请人及其直系亲属不得自行翻译文件。

2. 翻译认证声明

每份翻译件必须附上翻译人员的认证声明，证明其翻译的准确性。以下为标准声明模板：

> I [Translator's Full Name], certify that I am fluent in both [Original Language] and English. I have translated the attached document from [Original Language] to English to the best of my ability, and the translation is a true and accurate representation of the original document.
>
> Translator's Signature: _____
>
> Date: _____
>
> Contact Information: _____

3. 常见需翻译的文件

- 出生证明

- 结婚证和离婚证明

- 死亡证明

- 法院文件（如判决书、监护权声明）

- 教育证书和成绩单

- 医疗报告及疫苗接种记录

4. **翻译文件的格式**

- 翻译件的格式需与原文件保持一致，包括页眉、页脚、段落和注释。

- 如果原件中部分内容模糊或不可读，翻译人员应注明"无法辨认"或"模糊部分"。

5. **翻译文件的提交方式**

- **电子提交**：文件需以PDF或其他不可修改的格式上传。

- **纸质提交**：翻译件与原件复印件一并提交，确保附有翻译声明。

三、常见问题与注意事项

1. **文件丢失或无法提供时怎么办？**

- 提交替代文件：

  ○ 例如，如果出生证明缺失，可提供宗教记录、医院记录或社区领袖的证明信。

- 提供书面声明：

○   解释文件缺失的原因，并尽可能提供补充文件。

2. **翻译错误的后果**

- 翻译不准确可能导致申请被拒或延误。

- 提交虚假或误导性翻译可能导致申请人永久失去移民资格。

3. **翻译费用与服务**

- 尽管翻译人员无需认证，但选择专业翻译服务可提高文件质量。

- 翻译费用根据文件类型和字数而定，一般为每页20-50美元。

4. **不同文件的保质期**

- 某些文件（如警方报告或银行对账单）可能有时间限制，建议提交最新版本。

- 静态文件（如出生证明、结婚证）无时间限制，但需确保翻译内容符合当前移民要求。

四、案例分析

案例1：移民申请文件的翻译

张女士为家庭移民申请提供出生证明和结婚证。这些文件为中文，她通过专业翻译机构完成翻译，并附上翻译声明，顺利通过USCIS的审核。

案例2：庇护申请中的特殊文件

李先生在申请庇护时提交了母语书写的警方报告和当地媒体报道。这些文件由律师推荐的翻译人员翻译，并在移民面试时作为关键证据被接受。

五、总结

在美国的移民和签证申请中，文件准备与翻译是必不可少的环节。申请人需根据具体要求提供必要文件，并确保所有非英语文件附有准确的翻译及认证声明。无论是文件的完整性还是翻译的准确性，都对申请结果有重要影响。建议申请人提前规划，必要时寻求专业服务，以确保申请顺利进行。

○ 移民表格填写技巧（如I-485、I-130等）

填写美国移民表格是移民申请过程中最关键的步骤之一。表格的完整性和准确性直接影响移民局（USCIS）或国务院（DOS）对申请的处理速度和结果。以下将针对**I-485表格（身份调整）**、**I-130表格（亲属请愿）**等常见移民表格，详细介绍填写技巧、注意事项以及避免错误的策略。

一、I-485表格：身份调整申请（Adjustment of Status）

I-485表格是调整身份（从非移民身份转为永久居民身份）时必须提交的核心文件，适用于已经在美国境内的申请人。

1. 填写各部分的技巧

第1部分：申请类别

- 明确申请类别，例如：

  - 通过亲属申请（家庭移民），选"Immediate Relative of a U.S. Citizen"。

  - 通过工作申请（职业移民），选"Employment-Based Adjustment of Status"。

- 确保类别与已批准的I-130或I-140表格匹配。

第2部分：个人信息

- 填写完整的法定姓名，包括中间名（如适用），如护照或出生证明上的显示。

- 如果曾用过其他名字（婚前姓名、改名等），务必列出。

- 填写社会安全号码（SSN）和外国人注册号（A-Number）。若无A-Number，可留空或写"None"。

第3部分：居住地址和居住历史

- 提供现住址和过去五年的居住记录。若空间不足，可使用附加页面（Continuation Page）。

- 确保地址信息准确，移民局会将信件邮寄到当前地址。

第4部分：移民历史

- 填写首次进入美国的时间、口岸和I-94号码（从I-94入境记录中获取）。

- 如果曾有非法居留或身份过期，需如实申报并附上说明信（解释特殊情况）。

第5部分：婚姻和家庭信息

- 如实填写婚姻状况，包括所有前配偶的信息。需附上结婚证、离婚证明或死亡证明（如适用）。

- 如果申请包括配偶和子女，确保在相关部分准确填写他们的信息。

第6部分：健康与犯罪背景

- 诚实回答有关健康、犯罪记录、恐怖主义相关活动等问题。

- 提交无犯罪记录证明（如适用），包括所有过去的相关记录。

2. 附加文件

- 护照复印件，包括个人信息页和签证页。

- 最近一次的I-94记录（入境证明）。

- 支持性文件（如I-130批准通知、工作合同或亲属关系证明）。

3. **常见错误与避免措施**

- 遗漏签名：所有需要签名的地方必须亲笔签名，不能使用电子签名。

- 信息不一致：确保与已提交的其他表格（如I-130或I-140）一致。

- 不完整信息：如未回答某些问题，需写"None"或"N/A"避免留空。

二、I-130表格：亲属移民请愿

I-130表格用于美国公民或永久居民为符合条件的亲属申请移民签证或调整身份。

1. **填写各部分的技巧**

第1部分：担保人信息

- 提供担保人完整的个人信息，包括姓名、出生日期、地址、婚姻状况和移民身份（公民或永久居民）。

- 提交担保人的身份证明：

    ○ 美国公民：提交护照复印件、出生证明或归化证书。

    ○ 永久居民：提交绿卡正反面复印件。

第2部分：受益人信息

- 填写受益人的法定姓名、出生日期、婚姻状况及其他身份信息。

- 提供受益人护照、出生证明和结婚证（如适用）的复印件。

第3部分：关系证明

- 配偶申请：

    - 提交结婚证、共同财产证明、共同居住证明及婚礼照片等。

    - 如果是再婚，还需提交之前的离婚或死亡证明。

- 子女申请：

    - 提供出生证明，显示申请人与子女的法律关系。

- 父母申请：

    - 提供申请人的出生证明，显示父母姓名。

第4部分：移民历史

- 如果受益人曾在美国申请过签证、调整身份或其他移民程序，需详细说明。

- 提供所有相关文件，如过去的I-94记录和移民申请文件。

2. 附加文件

- 关系证明文件：如婚姻、血缘或收养关系文件。

- 照片：提供担保人和受益人的护照规格照片。

3. 常见错误与避免措施

- 填写错误：例如错误填写亲属关系或日期。建议检查多遍确保准确。

- 支持文件不足：如未提供足够的关系证明，可能导致审查延误。

- 错误理解表格问题：在不确定答案时，咨询律师或参考USCIS说明。

三、其他常见表格填写技巧

1. Form I-765：工作许可申请

- **工作许可类别**：选择正确的申请类别，例如身份调整（C(9)）或DACA持有人（C(33)）。

- **支持文件**：附上当前身份证明文件（如I-485收据、I-94记录）。

- **常见错误**：未附护照照片，或未正确填写申请类别代码。

2. Form I-864：经济担保书

- **担保人信息**：填写担保人的收入信息和家庭规模。

- **收入证明**：附上税单、W-2表格或工资单。

- **常见错误**：担保人收入不足却未添加共同担保人。

3. Form N-400：入籍申请

- **居住历史**：提供过去五年的详细住址。

- **旅行记录**：列出所有离开美国的日期和原因。

- **常见错误**：遗漏信息或未更新地址。

四、表格填写的通用技巧

1. 准备工作

- **下载最新版本**：移民表格定期更新，确保使用USCIS官网最新版本。

- **参考说明书**：仔细阅读表格的填写说明，避免误解问题。

- **检查支持文件**：提前准备所有需要的文件复印件和翻译件。

2. 填写规范

- **用英文填写**：所有信息需以英文书写，非英语姓名需按护照拼音填写。

- **字迹清晰**：建议使用黑色墨水或电脑填写，避免模糊或难以辨认的内容。

- **附加页面**：如果表格中空间不足，使用附加页标注表格页码和问题编号。

3. 提交要求

- **签名与日期**：每个需要签名的部分必须亲笔签名，移民局不接受电子签名。

- **支付费用**：核对表格费用，并通过支票或汇票支付，注明申请人姓名和A-Number。

五、常见问题与解决方案

1. 如何处理表格错误？

- **提交后发现错误**：可通过USCIS在线账户提交更正请求，或拨打移民局服务热线。

- **重新提交表格**：对于严重错误，可提交更新版本，并在封面信中说明更正原因。

2. 文件丢失或无法提供？

- 提供替代文件：如出生证明遗失，可用宗教记录或医院证明。

- 附上声明信：解释文件缺失原因，并附上其他辅助文件。

3. 如何确保表格处理及时？

- 提交完整且准确的文件和支持材料。

- 使用USCIS在线工具追踪申请状态。

六、总结

正确填写移民表格需要关注细节、理解移民法规以及准备充分的支持材料。从I-485**身份**调整到I-130亲属请愿，每个表格都有特定要求和潜在的陷阱。申请人应仔细阅读填写说明，逐项核对表格内容，并在不确定时寻求专业帮助。这样可以有效避免错误，提高申请成**功的机会**。

9

移民面谈与审核

如何准备移民局面试

美国移民局（USCIS）的面试是移民申请过程中的关键环节之一，旨在核实申请信息的准确性并评估申请人是否符合移民资格。无论是家庭移民、职业移民、庇护申请，还是入籍申请，充分的准备对于顺利通过面试至关重要。以下将详细介绍移民局面试的准备步骤、常见问题、注意事项以及实用建议。

一、了解移民局面试的类型

不同类型的移民申请会有不同的面试内容和目标：

1. 家庭移民面试

- 核实亲属关系的真实性，如配偶关系或亲子关系。

- 申请类型：I-485（身份调整）、I-130（亲属请愿）。

- 面试重点：

　　　　○ 配偶移民：婚姻真实性（共同财产、婚礼细
　　　　　　节等）。

　　　　○ 子女或父母移民：出生证明和家庭记录的核
　　　　　　实。

2. **职业移民面试**

　● 核实申请人的工作背景、雇佣关系和职业资质。

　● 申请类型：I-485（身份调整）。

　● 面试重点：

　　　　○ 雇主的真实性。

　　　　○ 申请人与职位描述的一致性。

3. **入籍面试**

　● 测试英语能力和美国公民知识。

　● 申请类型：N-400（入籍申请）。

　● 面试重点：

　　　　○ 英语能力：包括口语、阅读和写作测试。

　　　　○ 公民知识：关于美国历史、政府和宪法的知
　　　　　　识。

4. **庇护申请面试**

　● 核实申请人因迫害申请庇护的真实性。

- 申请类型：I-589（庇护申请）。

- 面试重点：

  ○ 详细叙述申请人的迫害经历。

  ○ 提供支持性证据，如警方报告、媒体报道等
  。

二、面试前的准备步骤

1. **仔细阅读通知信**

- 确认面试时间、地点和携带的文件清单。

- 通知信通常会列明申请人需要携带的原件和复印件
  。

2. **组织必要文件**

面试时，申请人需携带以下文件的原件和复印件：

- **身份文件**：护照、I-94记录、出生证明、婚姻证明
  、绿卡（如适用）。

- **支持性文件**：

  ○ 家庭移民：共同财产证明、婚礼照片、子女
    出生证明等。

  ○ 职业移民：雇主信函、工作合同、工资单等
    。

- ○ 庇护申请：支持迫害经历的证据，如医疗报告、照片等。

- **移民局表格与收据**：

  - ○ 包括I-485、I-130、N-400或I-589的申请表复印件及收据通知。

3. **熟悉申请内容**

- 复习提交的所有表格和支持文件，确保对自己的申请信息熟记于心。

- 特别注意日期、地点和事件细节，回答时要保持一致。

4. **准备回答常见问题**

移民官的问题通常围绕申请内容展开，以下是一些常见问题：

- **家庭移民**：

  - ○ 配偶的生日、职业、日常生活习惯。

  - ○ 婚礼细节、共同居住的地址。

- **职业移民**：

  - ○ 当前职位、工作职责、薪资信息。

  - ○ 雇主的基本信息和工作环境。

- **入籍申请**：

- ○ 为什么想成为美国公民？

- ○ 美国历史和政府知识问题，例如"美国宪法是什么时候制定的？"

- **庇护申请**：

  - ○ 描述迫害经历和原因。

  - ○ 为什么不能返回本国？

5. **安排翻译人员（如需要）**

- 如果申请人英语能力有限，可以申请面试时使用翻译服务。

- 翻译人员需具备专业能力，并携带有效身份证件。

三、面试当天的表现技巧

1. **准时到达**

- 提前至少30分钟到达面试地点，留出时间通过安检并找到面试房间。

- 如果可能迟到，应尽早联系移民局重新安排。

2. **穿着得体**

- 建议穿着正式或商务休闲，展现对面试的重视。

3. **保持冷静**

- 面试中要保持镇定，回答问题时声音清晰、语速适中。

- 如果听不懂问题，可以礼貌地请移民官重复或解释。

4. **诚实回答**

- 避免提供虚假信息或夸大事实。

- 如果不记得某个细节，可坦诚说明，而不是编造答案。

5. **遵守移民官的指引**

- 遵守移民官的提问节奏，不要打断对方。

- 不要提供过多无关信息，回答要简明扼要。

四、面试后的注意事项

1. **面试结果**

- 有些申请会当场得到决定，移民官会直接告知批准、拒绝或需要进一步审查。

- 如果需要补充文件，移民官会发出RFE（Request for Evidence）通知。

2. **跟进申请**

- 在面试结束后，可以通过USCIS官网或在线账户跟踪申请状态。

- 如果长时间未收到结果，可联系USCIS查询。

3. 申诉与再申请

- 如果面试结果为拒绝，申请人可以提出上诉或重新申请。

- 需要详细了解拒绝的原因，并在专业人士的帮助下改进申请材料。

五、案例分析

案例1：家庭移民面试成功案例

王先生为其配偶申请身份调整。在面试中，移民官询问了他们的婚礼细节和共同居住记录。王先生提前准备了结婚证、共同账户和生活照片，顺利通过面试并获得绿卡。

案例2：职业移民面试成功案例

李女士通过EB-2职业移民申请绿卡。面试中，移民官核实了她的学历和工作合同。她提供了学位证书、工资单和推荐信，证明其雇佣关系的真实性，最终获批身份调整。

六、总结

移民局面试是移民申请过程中的重要环节，准备充分是顺利通过的关键。申请人应熟悉提交的表格和支持文件，针对可能的问题做好准备，并在面试中保持诚实和冷静。如果申请

较为复杂，建议寻求专业律师的指导，以确保面试顺利进行
。

○ 面试常见问题与应对策略

美国移民局（USCIS）的面试是移民申请过程中至关重要的
一部分。移民官通过提问来验证申请内容的真实性、合法性
和完整性。不同类型的移民面试涉及的问题有所不同，但基
本的应对策略和技巧适用于所有申请者。以下将详细介绍各
类面试的常见问题及应对策略。

一、常见面试问题分类

1. 身份背景问题

这些问题旨在核实申请人的身份信息及其移民历史。

- **示例问题**：

  - 您的全名是什么？有其他曾用名吗？

  - 您的出生日期和出生地是哪里？

  - 您的国籍是什么？

  - 您第一次进入美国是什么时候？使用的是什
    么签证？

- **应对策略**：

  - 确保回答与提交的表格和文件一致。

- 准备好护照、I-94记录、签证复印件等证明文件。

2. 家庭关系问题

这类问题主要针对家庭移民和身份调整的申请人，用于核实亲属关系的真实性。

- **示例问题（配偶移民）：**
  - 您和配偶是怎么认识的？第一次约会是什么时候？
  - 您配偶的生日是什么？喜欢什么食物？
  - 您们共同居住多久了？现在住在哪里？

- **示例问题（父母或子女移民）：**
  - 您父母的全名和出生日期？
  - 您与申请人的关系是什么？有共同生活的记录吗？

- **应对策略：**
  - 配偶申请人可提前与伴侣熟悉婚姻细节，如婚礼日期、共同生活习惯等。
  - 提供支持性文件，如结婚证、照片、共同财产文件或子女出生证明。

3. **职业与经济状况问题**

这些问题适用于职业移民或家庭担保中的经济担保部分，验证申请人或担保人的工作情况及收入来源。

- **示例问题**：
  - 您目前的工作是什么？职位和主要职责是什么？
  - 您的年收入是多少？雇主的名字是什么？
  - 您是否有共同担保人？他的收入证明是什么？

- **应对策略**：
  - 提前准备好工作证明、工资单、税单及I-864经济担保书等文件。
  - 确保回答内容与文件中信息一致。

4. 移民动机与计划问题

移民官会询问申请人的移民动机及未来计划，评估其移民的真实意图。

- **示例问题**：
  - 为什么想成为美国永久居民？
  - 获得绿卡后有什么计划？是否计划继续工作或学习？

○ 是否曾违反签证规定（如非法工作或逾期滞留）？

- **应对策略**：

    ○ 真实陈述移民的原因，避免夸大或虚假回答。

    ○ 如果有过去的违规行为，可提前准备解释信或支持文件，说明原因并表明改正态度。

5. 法律与犯罪背景问题

移民官会核实申请人的犯罪记录和法律背景，确保其符合移民资格。

- **示例问题**：

    ○ 您是否曾被逮捕或定罪？如果有，请提供详情。

    ○ 是否曾参与过恐怖活动或组织？

    ○ 是否曾因移民欺诈或提供虚假信息被拒签？

- **应对策略**：

    ○ 提供完整的背景信息，附上警方报告或法院文件。

    ○ 如实回答问题，避免隐瞒或谎报。

6. 入籍申请问题

入籍面试涉及美国历史和政府知识测试，以及申请人的英语能力。

- **示例问题**：

  - 美国宪法的作用是什么？

  - 美国独立战争的主要原因是什么？

  - 总统和国会的职责是什么？

  - 英语写作问题，例如写出"美国有50个州"。

- **应对策略**：

  - 熟记美国公民知识考试的题库。

  - 提前练习英语口语、阅读和写作。

7. 庇护申请问题

庇护面试关注申请人所述迫害经历及其真实性。

- **示例问题**：

  - 为什么您不能返回祖国？

  - 您曾经受到什么形式的迫害？请详细描述。

  - 是否尝试寻求本国政府保护？为什么未果？

- **应对策略**：

- 提供详细的迫害细节，时间、地点、人物和事件清楚明了。

- 准备支持性证据，如警方报告、医疗证明、新闻报道或目击者声明。

二、应对面试的通用策略

1. 准备工作

- **熟悉申请内容**：

  - 熟读提交的表格和支持文件，确保对每个细节都了然于心。

- **整理文件**：

  - 按类别整理所有文件（如身份文件、经济文件、关系证明等），方便随时提供。

- **模拟面试**：

  - 请家人或朋友模拟问答，熟悉面试问题和流程。

2. 回答技巧

- **保持真实**：

  - 如实回答问题，避免虚假或模糊的回答。

- **简洁明确**：

  - 回答要清晰明了，避免不必要的细节。

- 一致性：

    - 确保回答与之前提交的表格和文件保持一致。

3. 面试礼仪

- 准时到场，提前至少30分钟抵达。

- 穿着得体，展示对面试的重视。

- 尊重移民官，保持礼貌和耐心。

4. 面对难题时的处理

- 如果不理解问题，可以礼貌请求移民官重复或解释：

    - "Could you please repeat the question?"

- 如果不知道答案，可以坦诚说明：

    - "I'm not sure, but I can provide more information if needed."

三、常见错误与避免方法

1. 文件不足

- 错误：未携带所需的原件或支持文件。

- 避免：根据通知信准备所有文件，并备份复印件。

2. 信息不一致

- 错误：面试回答与表格信息矛盾。

- 避免：面试前复习所有已提交的材料。

3. **忽视细节**

   - 错误：未注意面试中的细节问题，如配偶的生日或工作信息。

   - 避免：在面试前与相关家庭成员复习重要细节。

4. **情绪失控**

   - 错误：因紧张或移民官的问题而失态。

   - 避免：保持冷静，集中注意力回答问题。

四、案例分析

案例1：配偶移民面试

张先生与其妻子在面试中被问及婚姻的细节，如婚礼日期和蜜月地点。他们提前准备了共同居住的照片和银行账户记录，回答流畅且一致，顺利通过面试。

案例2：职业移民面试

李女士在职业移民面试中被问及职位职责和雇主信息。她提供了详细的雇主信函和工资单，成功证明了雇佣关系的真实性。

五、总结

移民局面试是移民申请过程中的重要环节，准备充分和表现得体是通过面试的关键。申请人应熟悉表格内容，整理支持文件，针对常见问题进行准备，并在面试中展现真实、冷静和自信的态度。如果申请较为复杂，建议咨询专业律师以确保顺利完成面试。

10

应对拒绝与延误

被拒后的申诉与复议

在美国移民申请过程中，申请被拒绝是申请者可能面临的挫折之一。然而，移民局（USCIS）允许申请人对某些类型的拒绝决定进行申诉或复议。了解申诉与复议的流程、适用条件及成功策略，可以帮助申请人有效应对拒绝并争取更好的结果。

一、了解拒绝的类型

移民申请被拒通常分为以下几种情况：

- **拒绝通知（Notice of Denial）**：

  - 移民局认为申请不符合要求，直接拒绝申请。

- **补件后拒绝（Denial After RFE/NOID）**：

○ 在申请人未按要求提交补充材料（RFE）或未能充分回应意图拒绝通知（NOID）的情况下被拒。

● **行政关闭（Administrative Closure）：**

○ 某些情况下，案件被移民局关闭而非正式拒绝。

● **程序性拒绝（Rejection for Procedural Errors）：**

○ 申请因填写错误、遗漏费用或材料不完整而被退回。

二、申诉与复议的区别

1. **申诉（Appeal）**

● **定义**：申请人请求更高一级机构（如移民上诉办公室，AAO 或行政上诉办公室，BIA）重新审查移民局的决定。

● **适用情况**：

○ 适用于I-130（亲属请愿）、I-140（职业移民请愿）等部分表格。

○ 如果认为移民局的决定基于法律或事实上的错误，可提出申诉。

- **程序**:
    - 提交 Form I-290B（Notice of Appeal or Motion）。
    - 向USCIS或AAO提交详细说明信，列举拒绝的具体问题及理由。
    - 申诉会由AAO独立审查，或在某些情况下转交至BIA处理。

2. 复议（Motion to Reopen 或 Motion to Reconsider）

- **定义**：申请人请求移民局重新审查其决定，通常基于新证据或移民局的事实错误。

- **两种类型**：
    - **重新审理动议（Motion to Reopen）**：
        - 基于新证据或新情况，证明申请符合要求。
    - **重新考虑动议（Motion to Reconsider）**：
        - 基于现有记录和法律，证明移民局的决定错误。

- **程序**：
    - 提交 Form I-290B，并附详细说明。
    - 移民局原办公室会重新审查案件。

3. 重新申请

- 如果拒绝决定不允许申诉或复议，申请人可以重新
  提交申请。

- 适用于程序性错误或材料不完整导致的拒绝。

三、申诉与复议的流程

1. 阅读拒绝通知

- 拒绝通知 (Denial Notice) 详细说明了拒绝的原因
  、适用法规和可能的补救途径。

- 确认是否有申诉或复议权，以及提交的最后期限。

2. 提交申请

- 使用 Form I-290B 提交申诉或复议动议：

    o 填写表格并支付申请费用（目前为$675）。

    o 附上相关支持材料，如证据文件和解释信。

- 确保在拒绝通知中指定的时间内提交（通常为30天
  内，若通过邮寄为33天）。

3. 准备支持文件

- 提交针对拒绝原因的具体证据，包括：

    o 新的文件（如重新开案的支持材料）。

> ○ 证明移民局错误解释或适用法规的法律论据
>   。

4. 等待处理

- 申诉通常需数月才能得到结果。AAO或BIA可能批准
  、驳回或将案件发回移民局重新审查。

四、常见拒绝原因与解决方法

1. 材料不完整

- **原因**：未提交足够的支持文件或遗漏关键材料。

- **解决方法**：

  ○ 提供完整的支持文件，例如出生证明、工作
    证明或经济担保文件。

  ○ 在重新开案时附详细说明和缺失文件。

2. 不符合资格要求

- **原因**：未满足特定移民类别的要求（如经济担保不
  足、学历不符等）。

- **解决方法**：

  ○ 在复议动议中提供额外的证据证明符合资格
    。

  ○ 如果无法补救，可重新申请并选择其他适合
    的移民途径。

3. **信息不一致**

   - **原因**：表格信息与支持文件或面试回答不一致。

   - **解决方法**：

     ○ 提供详细的解释信，说明不一致的原因（如翻译错误或误解）。

     ○ 提交更正后的文件。

4. **程序性问题**

   - **原因**：如未签名、费用不足或表格使用了旧版本。

   - **解决方法**：

     ○ 重新提交正确版本的表格和完整材料。

     ○ 确保遵循USCIS的填写规范和最新指南。

五、成功申诉与复议的关键策略

1. **分析拒绝原因**

   - 仔细阅读拒绝通知，明确移民局的具体拒绝理由。

   - 分析拒绝是否基于事实问题（如材料不足）或法律问题（如法规解释错误）。

2. **准备有力的支持文件**

   - 针对拒绝的每一个原因，提供具体的反驳证据。

   - 支持文件示例：

     ○ 财务问题：提交补充的税表、资产证明或共同担保人信息。

○ 资格问题：提供额外的学历证明、工作证明等。

3. **法律援助与专业意见**

- 咨询有经验的移民律师，制定具体的申诉或复议策略。

- 如果涉及复杂的法律问题，律师的专业意见对提高成功率尤为重要。

4. **保持申请记录的一致性**

- 确保申诉或复议中的所有信息与之前的申请内容一致。

- 对不一致的地方提供清晰的解释信，避免引起更多怀疑。

六、申诉或复议后的结果

1. **申诉成功**

- 申请被批准，移民局会重新审查并可能批准原申请。

2. **申诉被驳回**

- 如果申诉被驳回，申请人可选择进一步上诉至联邦法院或重新提交申请。

3. **重新申请**

- 如果没有申诉或复议的权利，申请人可以按照拒绝通知的建议重新提交申请。

七、案例分析

案例1：经济担保不足导致I-485拒绝

李女士的I-485因担保人收入未达到联邦贫困线而被拒绝。
她提交了I-290B，附上共同担保人的经济证明文件，并成功
获批。

案例2：庇护申请因材料不足被拒

王先生的庇护申请因缺乏足够的迫害证据被拒。他通过重新
开案动议（Motion to Reopen），提供了更多的媒体报道和
目击者声明，最终获批庇护身份。

八、总结

移民申请被拒并不意味着终点。通过申诉、复议或重新申请
，申请人仍有机会争取理想结果。关键在于明确拒绝原因、
准备充分的支持材料，并在需要时寻求专业法律帮助。通过
准确分析问题并制定有效策略，可以大大提高申诉或复议的
成功率。

o 延误处理与与USCIS沟通

在美国移民申请过程中，延误是常见的问题，可能对申请人
计划产生重大影响。从家庭移民到职业移民、身份调整到入
籍申请，USCIS（美国移民局）因案件积压或流程问题可能
出现处理时间过长的情况。以下将从延误原因、解决方案、

与USCIS沟通技巧以及法律手段等方面，详述如何有效应对
。

一、常见延误原因

1. **案件积压**（Case Backlog）

   - **原因**：某些服务中心或案件类型因申请量过大而积压。

   - **影响**：例如，亲属移民或H-1B签证的申请通常需等待较长时间。

2. **材料问题**

   - **原因**：申请材料不完整、填写错误或支持文件不足。

   - **影响**：可能收到补件通知（Request for Evidence, RFE）或意图拒绝通知（Notice of Intent to Deny, NOID），延长处理时间。

3. **背景调查**

   - **原因**：涉及国家安全或犯罪记录的申请人需要更多时间进行调查。

   - **影响**：背景调查可能耗时数月甚至更长。

4. USCIS内部问题

   - **原因**：技术故障、数据处理错误或案件转移。

- **影响**：可能导致案件停滞。

5. 外部因素

- **原因**：如疫情、自然灾害或地缘政治事件。

- **影响**：可能导致全球范围的处理延迟。

二、如何判断是否属于延误

1. **核对正常处理时间**

- **操作方法**：登录 USCIS 官方处理时间查询页面 "https://egov.uscis.gov/processing-times/"。

  - 选择申请表（如 I-485、I-130）和服务中心（如 Texas Service Center）。

  - 对比您的案件提交时间与官网显示的正常处理时间。

2. **检查案件状态**

- **操作方法**：
  登录 USCIS 案件状态查询页面 "https://egov.uscis.gov/casestatus/"。

  - 输入收据号码（Receipt Number）。

- **常见状态**：

- Case Was Received：案件已收到但未处理。

- Request for Evidence Was Sent：USCIS 要求补充材料。

- Case Is Being Actively Reviewed：案件正在审查。

3. 确认延误

- 如果案件超过官网显示的标准处理时间且状态无变化，则可以确认案件延误。

三、延误处理的解决步骤

1. 提交"超时处理查询"（Outside Normal Processing Time Inquiry）

- **适用情况**：案件处理时间超出官网显示的标准时间。

- **提交方法**：

  登录 USCIS 的在线查询页面 "https://egov.uscis.gov/e-request/Intro.do"。

  - 选择 "Case Outside Normal Processing Time"。

  - 提供以下信息：

    - 收据号码

- ■ 申请类别

- ■ 提交日期

- ■ 联系方式

- **处理时间**：提交后，USCIS 通常会在15-30天内回复
  。

2. **联系USCIS客户服务**

- **适用情况**：在线查询无果或需要进一步沟通。

- **方法**：
  拨打 USCIS 客户服务热线：1-800-375-5283。

  - ○ 提供收据号码和申请信息。

  - ○ 请求与高级官员（Tier 2 Officer）交谈。

3. **联系分区办公室**

- **适用情况**：面试或裁定阶段未有进展。

- **操作方法**：
  登录 USCIS 分区办公室查找页面 "https://www.u
  scis.gov/about-us/find-a-uscis-office"。

  - ○ 查找您所在区域的分区办公室并预约 InfoPa
    ss 面谈。

4. **联系国会议员或参议员办公室**

- **适用情况**：严重延误且与USCIS直接沟通未果。

- **方法**：

  - 联系您所在选区的国会议员或参议员办公室。

  - 提供收据号码、申请详情及联系方式。

  - 国会议员有权通过专属渠道向 USCIS 提交加急请求。

5. **提交 DHS Ombudsman 案例援助请求**

   - **适用情况**：案件长期未解决或因其他原因延误。

   - **操作方法**：

     登录 DHS Ombudsman 官方页面 "https://www.dhs.gov/case-assistance"。

     - 填写在线表格，附上案件信息和支持文件。

   - **处理时间**：通常需30-60天完成审查。

6. **法律手段 (Mandamus诉讼)**

   - **适用情况**：所有其他渠道均无果。

   - **方法**：

     - 向联邦法院提起强制令诉讼，要求 USCIS 作出决定。

     - 需聘请有经验的移民律师代理案件。

四、与USCIS沟通的技巧

1. **提供详细信息**

   - 包括申请人姓名、出生日期、收据号码、申请类别等，确保所有信息与申请表一致。

2. **保持礼貌**

   - 使用礼貌和专业的语气，与 USCIS 人员建立良好的沟通。

3. **保存沟通记录**

   - 记录每次联系的日期、时间、工作人员姓名和讨论内容，确保后续有据可查。

4. **定期跟进**

   - 定期查询案件状态，确保及时掌握进展。

五、常见问题及解决方法

1. **案件状态无变化**

   - **原因**：案件可能因积压或背景调查未完成。

   - **解决方法**：

     ○ 提交超时处理查询。

     ○ 联系国会议员办公室，推动案件进展。

2. 补件后未更新

- **原因**：USCIS 尚未处理补件材料。

- **解决方法**：

  ○ 提交补件的邮寄证明，确认材料已送达。

  ○ 联系 USCIS 客服进一步确认。

3. 案件被关闭

- **原因**：技术或程序错误导致案件错误关闭。

- **解决方法**：

  ○ 提交重新开案请求（Motion to Reopen）。

  ○ 通过客户服务或 DHS Ombudsman 要求纠正错误。

六、案例分析

案例1：I-485 申请延误

王女士的身份调整申请延误了6个月。她通过在线提交超时处理查询，并联系了当地国会议员办公室。最终，案件在两个月内获批。

案例2：H-1B 签证延误

李先生的H-1B签证申请因背景调查被延误。他通过 DHS Ombudsman 提交援助请求，并补充相关文件。案件在3周后获得批准。

七、总结

移民申请的延误虽然令人沮丧，但通过正确的策略可以有效解决。首先，确认案件是否属于延误。接着，通过超时处理查询、联系USCIS或外部资源（如国会议员或DHS Ombudsman）推动进展。如果所有手段均无果，可以考虑法律途径。整个过程中，保持耐心、记录所有沟通细节，并提供准确的信息，是成功解决问题的关键。

第四部分：绿卡与美国生活

11

绿卡申请与维持

如何申请永久居民身份

申请美国永久居民身份（绿卡）是移民美国的重要步骤之一。绿卡持有人享有在美国合法永久居住和工作的权利，但整个申请过程复杂且耗时，涉及提交多种文件、完成程序性步骤和满足资格要求。以下是申请永久居民身份的详细流程、注意事项和应对方法。

一、申请流程详细解析

1. 提交移民请愿

这是绿卡申请的第一步，由符合资格的担保人或申请人自己提交申请。

- **家庭移民**：美国公民或永久居民提交 I-130 表格（亲属移民请愿）。

- **职业移民**：雇主提交 I-140 表格（职业移民请愿），或申请人直接提交（如EB-1杰出人才）。

- **特殊途径**：

  - 难民或庇护获得者直接提交 **I-485 表格**（身份调整）。

  - U签证、T签证持有人需通过其他特定表格申请调整身份。

2. **等待优先日期（如适用）**

优先日期决定申请人的排队顺序，适用于需要签证配额的类别。

- **什么是优先日期**：USCIS 接收移民请愿的日期。

- **如何查看优先日期进度**：

  - 登录签证公告牌（Visa Bulletin）：https://travel.state.gov/content/travel/en/legal/visa-law0/visa-bulletin.html。

  - 根据公告的"表A"或"表B"确定是否可以递交后续申请。

- **无排队的情况**：

  - 美国公民的直系亲属（如配偶、21岁以下未婚子女、父母）无需等待优先日期。

3. **提交身份调整申请（I-485）或领事程序（DS-260）**

根据申请人是否在美国境内选择适当的方式：

- **身份调整** (Adjustment of Status, AOS)：

  ○ 适用人群：已合法入境美国并符合调整身份条件的申请人。

  ○ 提交 **I-485 表格**。

  ○ 提供支持文件：护照、I-94记录、出生证明、婚姻证明、经济担保文件 (I-864)。

- **领事程序** (Consular Processing)：

  ○ 适用人群：居住在境外的申请人。

  ○ 通过国家签证中心 (NVC) 提交 **DS-260 表格**。

  ○ 在美国驻当地大使馆或领事馆参加面试。

4. **体检与生物识别**

所有绿卡申请人都需完成以下步骤：

- **移民体检**：

  ○ 前往USCIS指定的医生处体检。

  ○ 医生填写 **I-693 表格**，并将其密封以提交给USCIS。

- **生物识别** (Biometrics Appointment)：

  ○ USCIS会安排时间让申请人采集指纹、照片和签名。

o 使用这些信息进行背景调查。

5. 面试

- **面试安排**：

    o 在美国境内：USCIS分区办公室面试。

    o 在境外：美国大使馆或领事馆面试。

- **面试重点**：

    o 核实申请人提供的信息是否真实、完整。

    o 评估申请人与担保人（如配偶）的关系真实性。

    o 职业移民中，核实雇佣关系和工作职责。

6. 案件裁决

- **批准（Approval）**：

    o 身份调整申请获批后，USCIS会寄送绿卡。

    o 领事程序申请获批后，签发移民签证，申请人需在签证有效期内入境美国。

- **拒绝（Denial）**：

    o 若案件被拒，USCIS会发出通知说明原因。

    o 可根据情况选择申诉、复议或重新提交申请。

二、常见问题及解决方法

1. 补件通知（Request for Evidence, RFE）

   - **问题**：USCIS要求申请人补充材料。

   - **解决方法**：

     o 在指定期限内提交所需文件。

     o 确保补充材料与初始申请一致，并附详细解释信。

2. **案件处理时间过长**

   - **问题**：处理时间超出正常范围。

   - **解决方法**：

     o 查询USCIS案件状态：https://egov.uscis.gov/casestatus/。

     o 提交"超时处理查询"（Outside Normal Processing Time Inquiry）：https://egov.uscis.gov/e-request/Intro.do。

3. **拒绝通知（Notice of Denial）**

   - **问题**：案件因材料不足、资格不符或信息不一致被拒。

   - **解决方法**：

     o 分析拒绝通知中的具体原因。

- 提交重新开案请求（Motion to Reopen）或复议（Motion to Reconsider）。

- 在有明显错误或遗漏时考虑通过法律手段提起申诉。

4. **等待优先日期时的其他计划**

- **问题**：等待优先日期的时间可能长达数年。

- **解决方法**：

  - 检查是否符合其他移民类别或临时身份（如H-1B、F-1签证）。

  - 确保优先日期保持有效（如更新I-130申请中的地址信息）。

三、成功申请的关键步骤

1. **确保材料完整性**

- **提交材料**：

  - 所有表格填写完整，信息准确。

  - 提供清晰的支持文件，包括翻译件和认证文件（如文件非英文）。

- **核对一致性**：

  - 确保提交的表格信息与支持文件无矛盾。

2. 遵守时间要求

- **优先日期**：定期查看签证公告牌，确保在优先日期
  到达后及时提交身份调整或领事程序。

- **USCIS通知**：及时响应USCIS的任何通知，包括补件
  或面试安排。

3. **准备面试**

- 提前熟悉提交的所有材料，确保能够准确回答移民
  官的问题。

- 配偶或家庭申请需准备与关系相关的具体细节和支
  持文件（如共同财产证明、生活照片）。

4. **寻求专业帮助**

- 如果案件复杂（如犯罪记录、背景调查等），或涉
  及特殊情况，建议寻求经验丰富的移民律师协助。

四、重要提示

1. **地址变更**：提交申请后若更改住址，需通过USCIS在
   线工具提交地址更新（Form AR-11）。
2. **保留文件副本**：保存所有提交表格的复印件以及USC
   IS的通知信件。
3. **避免虚假信息**：确保提交的信息真实准确，任何误
   导或虚假信息可能导致永久禁止入境。

五、总结

申请美国永久居民身份（绿卡）是一个复杂但可实现的过程。成功的关键在于细致的准备工作，包括选择合适的申请途径、准备完整的支持文件以及遵守USCIS的时间要求。在此过程中，耐心和专业的指导可以帮助申请人有效应对潜在挑战，顺利获得绿卡。

○ 绿卡持有者的义务与权利

作为美国永久居民（绿卡持有人），您享有许多权利，同时也需履行一定的义务。这些权利和义务不仅关系到绿卡的有效性，还对未来申请美国公民身份有重要影响。以下是绿卡持有者应了解的主要权利和义务，以及相关注意事项。

一、绿卡持有者的权利

1. 居住和工作权

- **永久居住权**：
    - 绿卡持有人有权在美国任何地方生活和居住。

- **合法工作权**：
    - 可为美国的任何雇主工作，无需申请工作签证。

- 部分政府职位或需美国公民身份的敏感工作除外。

2. **教育和福利**

- **教育机会**：

  o 有权在美国接受小学、中学和高等教育。

  o 在许多州，绿卡持有人可以享受与公民相同的州内学费。

- **公共福利**：

  o 可申请某些公共福利项目（如医疗补助、儿童健康保险）。

  o 注意：长期依赖公共福利可能影响绿卡续期或入籍申请。

3. **法律保护**

- **美国法律保障**：

  o 享有与美国公民相同的法律保护，包括宪法规定的基本权利（如言论自由、宗教自由）。

- **寻求法律救济**：

  o 在法律纠纷中可以通过法院寻求公正解决。

4. 申请家庭成员移民

- 绿卡持有人可以为符合条件的家庭成员申请移民，包括：

  - 配偶

  - 未婚子女（21岁以下）

  - 21岁以上未婚子女（需等待较长时间）

5. 出入境权

- 绿卡持有人可以自由出入美国，但需遵守以下规则：

  - 单次离开美国不超过6个月，避免被视为放弃居住权。

  - 离境时间超过6个月但少于一年，可能在入境时被进一步检查。

  - 离境超过一年需申请 回美证（Reentry Permit）。

6. 入籍资格

- 符合条件的绿卡持有人可申请成为美国公民：

  - 通常需持有绿卡5年（或通过婚姻移民为3年）。

  - 必须满足连续居住和身体存在的要求。

二、绿卡持有者的义务

1. 遵守法律

   - **联邦、州和地方法律**：

     ○ 必须遵守所有美国法律，包括税法、交通法规等。

   - **犯罪后果**：

     ○ 绿卡持有人若犯下重大罪行（如重罪或道德败坏的罪行），可能被驱逐出境。

2. **持续维持永久居民身份**

   - **主要居住地必须在美国**：

     ○ 如果绿卡持有人在美国以外居住超过一年，可能被视为放弃永久居民身份。

     ○ 可申请回美证以保护身份，但长期居住在国外仍可能影响绿卡有效性。

   - **避免长期离境**：

     ○ 经常离境且在国外停留时间较长，可能引起移民局怀疑申请人是否有意继续作为美国居民。

3. 税务义务

   - **申报全球收入**：

- 绿卡持有人必须向美国国税局（IRS）申报全球范围内的收入。

- 未履行税务义务可能影响绿卡的续期或入籍资格。

- **双重税务协定**：

  - 部分国家与美国有税务协定，可避免双重征税。

4. **更新绿卡**

- **绿卡有效期**：

  - 10年有效期的绿卡需按时更新。

  - 申请更新需提交 **I-90 表格**。

- **条件绿卡**：

  - 通过婚姻或投资获得的条件绿卡需在2年内申请解除条件。

5. **通知地址变更**

- 绿卡持有人搬家后需在10天内通过 **Form AR-11** 通知移民局（USCIS）更新地址。

- 未及时更新地址可能导致错过重要的移民通知。

6. **参加陪审团（如要求）**

- 在某些州，永久居民可能被要求参加陪审团。

三、违反义务的后果

1. 被视为放弃永久居民身份

    - **常见情形**：

        ○ 离开美国时间过长（超过一年）且未申请回美证。

        ○ 在国外设立永久住所或明确表示无意返回美国。

    - **解决方法**：

        ○ 如果被视为放弃身份，可以通过重新申请移民签证恢复永久居民身份。

2. 遭遇递解程序

    - **可能原因**：

        ○ 犯下严重犯罪或违反移民法。

        ○ 提交虚假信息或参与欺诈行为。

    - **解决方法**：

        ○ 在递解程序中可聘请律师，向移民法官提交抗辩。

3. 入籍申请受影响

    - **公共福利使用**：

        ○ 长期依赖公共福利可能被认为违反公共负担规则（Public Charge）。

- **税务问题**：

    ○ 未履行全球收入申报义务可能被视为不具备
       "良好品行"（Good Moral Character）。

四、绿卡持有者的注意事项

1. **确保定期更新绿卡**

- 绿卡过期不会立即导致身份丧失，但可能影响工作
  和旅行。

- 提前180天提交 **I-90 表格** 更新绿卡。

2. **保留永久居民身份的证明**

- 经常旅行的绿卡持有人应申请回美证，避免在入境
  时面临不必要的质疑。

3. **注意移民政策变化**

- 绿卡持有人需关注移民政策的更新，及时调整自己
  的计划，例如针对公共负担规则或离境要求的变化
  。

4. **妥善保管绿卡**

- 绿卡丢失或被盗需尽快提交 **I-90 表格** 申请补发。

- 保管绿卡时避免损坏或遗失。

五、总结

绿卡持有人享有在美国居住、工作和享受教育机会等多项权利，但也需履行纳税、遵守法律、维持永久居民身份等义务。了解这些权利和义务对于保护绿卡身份和规划未来的入籍申请至关重要。通过履行义务、及时更新身份信息和遵守相关法律，绿卡持有人可以在美国长期稳定地生活和发展。

12

从绿卡到公民

归化入籍流程与考试准备

归化入籍是指通过法律程序成为美国公民的过程。美国永久居民（绿卡持有人）在满足一定条件后可以申请归化入籍，获得完整的公民权利，包括投票权和申请某些联邦职位。以下是归化入籍的详细流程及考试准备指南。

一、归化入籍的资格要求

在提交入籍申请之前，申请人需满足以下基本条件：

1. 持有绿卡的时间

- **一般情况**：持有绿卡至少5年（60个月）。

- **婚姻移民**：若与美国公民结婚并共同生活，持有绿卡3年（36个月）即可申请。

- **军事人员**：某些情况下，现役或退役军人可立即申请。

2. **连续居住要求**

   - 申请人在提交申请前必须连续居住在美国。

     ○ 一般要求：5年内至少有30个月实际居住在美国。

     ○ 婚姻移民：3年内至少有18个月实际居住在美国。

3. **身体存在要求**

   - 在提交申请前的连续居住期内，申请人必须至少一半时间实际待在美国境内。

4. **良好品行**

   - 无犯罪记录或道德败坏行为。

   - 按时缴纳税款和履行法律义务。

5. **英语能力**

   - 能够用英语进行基本交流，包括读、写和说。

6. **了解美国历史与政府知识**

   - 需通过公民知识测试，了解美国的基本历史、政府结构和宪法。

二、归化入籍流程

1. **准备并提交申请表**

   - 填写 **N-400 表格**（归化申请表）。

- 提交费用：

    ○ 申请费：$640。

    ○ 生物识别费：$85。

    ○ 申请人可以通过支票、汇票或在线支付方式
      完成费用支付。

- 所需文件：

    ○ 绿卡复印件（正反面）。

    ○ 护照复印件（如适用）。

    ○ 最近5年或3年的出入境记录。

    ○ 结婚证或配偶的公民身份证明（婚姻移民适
      用）。

2. **接受生物识别采集**

- USCIS会通知申请人前往指定地点进行指纹采集、照
  片拍摄和背景调查。

- 保留生物采集完成的收据以备后续使用。

3. **参加入籍面试**

- **面试内容**：

    ○ 核实N-400表格中的信息。

    ○ 评估英语能力。

o 进行公民知识测试。

- **面试准备**：

    o 熟悉申请表中的内容，确保能够解释申请上的所有信息。

    o 提供必要的支持文件，例如税务记录或婚姻证明。

4. **通过公民知识和英语测试**

- 测试分为两部分：

    o **英语测试**：评估申请人的英语阅读、写作和口语能力。

    o **公民知识测试**：10道题中答对6题即为通过。

- 若测试未通过，可在60至90天后安排一次重新测试。

5. **等待入籍裁决**

- **批准**：若通过面试和测试，USCIS将发出入籍宣誓通知。

- **补件或延迟**：若需提供更多文件，USCIS会发出补件通知（Request for Evidence, RFE）。

6. **参加入籍宣誓仪式**

- 宣誓仪式是归化的最后一步。

- 宣誓后，申请人将获得归化证书（Certificate of Naturalization），正式成为美国公民。

三、公民知识与英语测试的准备

1. **英语测试**

- **口语测试**：

  - 面试过程中通过与移民官的交流评估英语口语能力。

- **阅读测试**：

  - 阅读移民官提供的简单句子，通常与美国历史或政府相关。

- **写作测试**：

  - 根据移民官口述，正确写下一个简单句子。

  准备建议：

- 使用USCIS提供的资源练习英语（https://www.uscis.gov/citizenship）。

- 通过日常交流、阅读简单的英文书籍和观看英语教学视频提高语言能力。

2. 公民知识测试

测试内容包括美国历史、政府结构和宪法等知识。USCIS提供100道常见问题供申请人学习。

- **测试示例问题：**

    ○ 美国宪法的作用是什么？

    ○ 美国国旗上的条纹代表什么？

    ○ 国会的两个部分是什么？

    ○ 谁是美国现在的总统和副总统？

准备建议：

- 下载USCIS官方的学习材料（可通过https://www.uscis.gov/citizenship获取）。

- 使用USCIS开发的移动应用程序进行模拟测试。

- 与朋友或家人进行问答练习。

3. 特殊豁免

- 65岁以上且持有绿卡超过20年的申请人可选择简化版本的测试。

- 如果申请人因医疗问题无法参加英语或公民知识测试，可申请豁免，需提交医生证明（Form N-648）

四、常见问题及解决方法

1. **未通过面试或测试**

   - **问题**：未通过英语或公民知识测试。

   - **解决方法**：

     - USCIS允许申请人在60-90天内重新测试。

     - 加强相关知识点的学习，尤其是第一次测试中薄弱的部分。

2. **提交后未收到通知**

   - **问题**：未收到生物识别或面试通知。

   - **解决方法**：

     - 在线查询案件状态（https://egov.uscis.gov/casestatus/）。

     - 联系USCIS客户服务中心或提交查询请求。

3. **面试时被要求补充文件**

   - **问题**：某些文件不完整或需进一步证明。

   - **解决方法**：

     - 按RFE要求的时间内提交补充文件。

     - 提供清晰、合法的支持性文件，例如税单、居住证明等。

4. 入籍宣誓延期

- **问题**：因个人原因或案件审查延误未能参加宣誓仪式。

- **解决方法**：

  ○ 联系USCIS重新安排宣誓仪式时间。

  ○ 确保提前告知USCIS任何无法按时参加的原因。

五、成功归化的关键建议

1. **熟悉申请表内容**：

   ○ 熟记N-400表格中的所有信息，包括居住记录和旅行记录。

2. **及时更新信息**：

   ○ 如果申请过程中更改地址或个人信息，需立即通知USCIS。

3. **充分准备测试**：

   ○ 利用官方资源进行系统性学习，确保在英语和公民知识测试中取得好成绩。

4. **保持良好品行**：

   ○ 确保遵守美国法律，按时缴税，并准备好相关证明文件。

5. **咨询专业人士：**

    ○ 如果有复杂问题（如犯罪记录或长期离境）
    ，建议寻求移民律师的帮助。

六、总结

归化入籍是绿卡持有人成为美国公民的重要一步，需通过严格的资格审核和测试。通过系统性学习、准备完整文件以及提前了解流程，可以有效提高申请的成功率。归化成功后，申请人将获得完整的美国公民身份，享有全面的公民权利，同时也承担起作为美国公民的责任。

○ 双重国籍的考量

双重国籍是指一个人同时拥有两个国家的国籍。随着全球化的发展，越来越多的人因移民、婚姻或其他原因成为双重国籍者。虽然双重国籍在许多情况下提供了便利，但也伴随着一定的复杂性和潜在风险。以下将从法律、权利与义务、优缺点以及注意事项等角度，全面探讨双重国籍的相关考量。

一、双重国籍的法律框架

1. **美国的双重国籍政策**

    ● 美国承认双重国籍，但不会主动鼓励。

- 根据美国法律，取得美国国籍时不必放弃原有国籍，但在某些情况下可能被视为自动放弃。

- 双重国籍者需遵守美国和其他国籍国家的法律，并承担相应义务。

2. **中国的双重国籍政策**

- 中国不承认双重国籍。

- 根据《中华人民共和国国籍法》第九条，中国公民加入外国国籍后，自动丧失中国国籍。

3. **双重国籍的国际差异**

- **承认双重国籍**：如加拿大、澳大利亚、法国。

- **不承认双重国籍**：如中国、印度、日本。

- **部分限制**：如德国，在某些特殊情况下允许双重国籍。

二、双重国籍的权利与义务

1. **权利**

- **旅行便利**：

  ○ 持有双重国籍者可使用两个国家的护照，享受更多免签待遇。

  ○ 在某些国家，可优先享受当地居民的入境便利。

- 居住和工作权：

    ○ 在两个国家均可合法居住、工作，无需额外申请签证。

- 财产与继承权：

    ○ 在两个国家均可合法购买和继承财产，受当地法律保护。

- 社会福利：

    ○ 可在两个国家享受社会福利，例如医疗、教育和退休保障。

2. 义务

- **遵守双重法律体系**：

    ○ 双重国籍者需遵守两个国家的法律，包括税务、兵役等义务。

- **税务责任**：

    ○ 某些国家（如美国）对全球收入征税，即使收入来源于外国。

- **兵役义务**：

    ○ 某些国家要求公民履行兵役义务，双重国籍者可能需要在两个国家中选择履行。

- **忠诚义务**：

    ○ 双重国籍者需对两个国家履行忠诚义务，可能在国际冲突中面临复杂情况。

三、双重国籍的优缺点

1. 优点

    - **跨境自由**：

        ○ 更广泛的国际旅行选择，享受更多免签国家的便利。

    - **经济与职业机会**：

        ○ 可在两个国家自由选择工作、投资和创业。

    - **文化认同**：

        ○ 有助于保持与两个国家的文化和家庭联系。

    - **安全保障**：

        ○ 在一个国家发生危机时，可以通过使用另一本护照转移至另一个国家。

2. 缺点

    - **税务复杂性**：

- 双重国籍者需面对双重税务申报义务，可能涉及双重征税问题。

- **法律冲突**：

  - 两个国家的法律体系可能存在矛盾，例如财产继承、离婚、抚养权等问题。

- **政治风险**：

  - 双重国籍者在两个国家的政治冲突中可能面临安全问题或身份尴尬。

- **旅行限制**：

  - 某些国家可能不允许双重国籍者使用外国护照离境。

四、双重国籍的注意事项

1. 税务规划

- **全球收入申报**：

  - 美国要求公民和绿卡持有人申报全球收入（包括海外资产）。

  - 可通过"外国税收抵免（Foreign Tax Credit）"避免双重征税。

176

- **税务协定**:

    ○ 部分国家签订了税务协定，可降低税收负担
      。

2. 国籍冲突

    - **军事义务**:

        ○ 某些国家要求公民履行兵役，需了解相关法
          律以避免冲突。

    - **外交保护**:

        ○ 在第三国，双重国籍者可能无法获得两个国
          家的全面外交保护。

3. 国籍自动丧失

    - 加入某些国家国籍时，可能自动丧失原国籍。

    - 需仔细了解目标国家的入籍政策以及原籍国家对双
      重国籍的态度。

4. 更新和维护身份

    - 确保两个国籍的护照在有效期内。

    - 按时申报税务、更新居民信息，避免身份无效或被
      撤销。

五、案例分析

案例1：美国与加拿大双重国籍者

- **权利**：享受加拿大的免费医疗和美国的全球投资机会。

- **义务**：需按照美国法律申报全球收入，同时遵守加拿大的税务政策。

案例2：中国与美国双重国籍者

- **问题**：根据中国法律，加入美国国籍后将自动丧失中国国籍。

- **解决**：需权衡是否保留中国公民身份，或选择长期签证方式留在中国。

案例3：双重国籍者的税务困境

- 一位法国与美国的双重国籍者在法国工作，需要同时向法国和美国报税。

- **解决**：通过美法税务协定，申请税收抵免，避免双重征税。

六、双重国籍的策略建议

1. **了解相关法律**：

   - 在考虑双重国籍前，仔细研究两个国家的国籍法和相关规定。

2. **评估经济影响**：

   - 计算双重国籍可能涉及的税务成本和财务复杂性。

3. **咨询专业人士**：

    ○ 寻求移民律师或税务顾问的建议，制定合理
    的规划。

4. **规划长期目标**：

    ○ 确定双重国籍是否符合个人和家庭的长期利
    益，如职业发展、财务规划和教育需求。

七、总结

双重国籍是一把双刃剑，为个人和家庭提供了灵活性和便利
，但也带来了复杂的法律和税务问题。申请人需根据自身情
况评估双重国籍的优缺点，并了解相关国家的政策和法律要
求。通过谨慎规划和合规操作，双重国籍可以成为跨国生活
和发展的有力工具。

13

税务与其他法律义务

绿卡持有者的税务要求

作为美国永久居民（绿卡持有人），您需遵守美国的税务法律，这包括申报全球收入和履行其他相关税务义务。美国的税务体系以公民和永久居民为纳税主体，要求无论收入来源于美国境内还是境外，都需申报并缴纳相应税款。以下是绿卡持有者在税务方面的全面指南。

一、绿卡持有者的税务身份

1. 美国税务居民

- 绿卡持有人被视为美国税务居民，即便您主要生活在国外。

- 税务居民需按全球收入（worldwide income）向美国国税局（IRS）报税，包括工资、投资收益、海外账户收入等。

2. 税务居民与非居民的区别

- **税务居民**（绿卡持有人或符合"实质居住测试"的个人）：需申报全球收入。

- **非税务居民**（如持非移民签证的短期居住者）：仅需申报美国境内收入。

3. **"实质居住测试"** (Substantial Presence Test)

即便您没有绿卡，如果您在过去三年内累计在美国停留超过183天，仍可能被视为税务居民。

二、绿卡持有者需申报的税种

1. **联邦个人所得税**

- **申报范围**：工资、投资收益、房产出租收入、海外账户收入等。

- **税率**：分为10%-37%（根据收入和申报状态）。

- **申报表格**：使用 Form 1040（美国个人所得税申报表）。

2. **州所得税**

- **申报范围**：生活或工作的州可能征收额外的州所得税（如加州、纽约）。

- **税率**：根据州的规定，可能为0%至13%。

3. **其他税种**

- **资本利得税**：投资收益，如股票或房地产的买卖。

- **自雇税**：自雇人士需缴纳社会保障和医疗保险税（约15.3%）。

- **房地产税**：在美国拥有房产需支付州或地方政府的房地产税。

4. **遗产税和赠与税**

- **绿卡持有者**需遵守与美国公民类似的遗产税和赠与税法律。

- **免税额度**（2024年）：约为 $12,920,000。

三、绿卡持有者的税务申报义务

1. **全球收入申报**

- **范围**：无论收入来源于美国还是海外，都需申报，包括工资、投资收益、租金、养老金等。

- **海外账户**：若在海外持有账户，需报告账户收益。

2. **海外资产申报**（FBAR 和 FATCA）

- **FBAR（外国银行和金融账户报告）**：

  ○ 若海外账户余额超过 $10,000，需提交 FinCEN Form 114。

- **FATCA（外国账户税务合规法）**：

  ○ 持有大量海外资产（超过 $50,000 单身或 $100,000 已婚）需提交 Form 8938。

3. **外国税收抵免（Foreign Tax Credit）**

- 若已在收入来源国缴纳所得税，可申请税收抵免（Form 1116）以避免双重征税。

4. **税务居民身份放弃（绿卡放弃）**

- 放弃绿卡需提交 **Form 8854**，并可能需支付退出税（Exit Tax）。

四、常见税务问题及解决方案

1. **如何处理海外收入？**

- **问题**：绿卡持有人在海外工作，收入是否需申报？

- **解决方法**：

  - 是的，需申报海外收入，但可申请"海外收入免税额"（Foreign Earned Income Exclusion, FEIE）。

  - 使用 **Form 2555**，2024年可免除最高 $120,000 的海外收入。

2. **海外资产未申报的后果**

- **问题**：未申报海外账户或资产。

- **后果**：

  - 可能面临高额罚款，甚至刑事责任。

○ **解决方法**：通过"自愿披露计划"（Volunta

ry Disclosure Program）主动补救。

3. **遗产或赠与税的申报**

- **问题**：绿卡持有人是否需申报海外遗产或赠与？

- **解决方法**：

  ○ 遵守美国遗产和赠与税法，超过免税额度的
  部分需缴税。

  ○ 使用 Form 3520 报告重大赠与或遗产。

4. **如何避免双重征税？**

- **问题**：在收入来源国已缴税，是否仍需向美国纳税
  ？

- **解决方法**：

  ○ 申请"外国税收抵免"（Form 1116）。

  ○ 确保收入来源国与美国之间有税务协定，避
  免重复纳税。

五、绿卡持有者的税务规划建议

1. **提前规划全球收入**

- 根据收入来源国的税率和美国税法规定，合理分配
  收入。

- 考虑使用"海外收入免税额"或"税收抵免"优化税务成本。

2. **管理海外资产**

- 定期检查海外账户余额是否达到报告门槛。

- 确保按时提交 FBAR 和 FATCA 所需的表格。

3. **了解税务协定**

- 研究美国与收入来源国之间的税务协定，充分利用协定条款降低税务负担。

4. **咨询专业人士**

- 如果涉及复杂的税务问题（如海外收入、遗产税等），建议寻求专业税务顾问或会计师的帮助。

5. **遵守申报时限**

- 个人所得税申报截止日期：每年4月15日。

- 海外账户报告（FBAR）：每年4月15日（自动延期至10月15日）。

六、总结

绿卡持有者在税务方面有全面的申报义务，包括全球收入申报、海外资产报告和遵守美国税法的其他规定。提前规划税务、充分利用税收抵免和免税政策、遵守申报时限是避免法律和财务风险的关键。通过合理的税务管理和专业指导，绿卡持有者可以优化税务成本并满足法律要求。

○ 遵守美国法律的重要性

在美国生活或工作的个人，无论是公民、永久居民（绿卡持有人）还是临时签证持有者，都必须遵守联邦、州和地方的法律。法律不仅是维护社会秩序的基本保障，也是决定个人移民身份能否维持的重要因素。以下是对遵守美国法律的重要性进行的详细分析。

一、为什么必须遵守美国法律？

1. 保护个人权益

- **法律的保障作用**：
    - ○ 美国宪法和法律为所有居民提供基本权利和自由，包括言论自由、宗教信仰自由和人身安全。

- **法律为个人提供支持**：
    - ○ 通过遵守法律，个人能够合法享受教育、就业、医疗和社会福利等权益。

2. 维护移民身份

- 绿卡持有人和签证持有者在美国的合法居留取决于是否遵守移民和刑事法律。

- 违反法律可能导致：

    ○ 驱逐出境（Deportation）。

    ○ 绿卡被撤销。

    ○ 入籍申请被拒绝。

3. **促进社会和谐**

- 法律为社会提供公平和秩序，鼓励公民和居民以合法方式解决纠纷。

- 遵守法律有助于建立信任和减少冲突，提升社区的整体福祉。

4. **避免法律后果**

- **刑事后果**：

    ○ 犯罪行为可能导致监禁、罚款或其他刑事处罚。

- **民事后果**：

    ○ 违反合同、未履行义务或其他民事违规行为可能导致经济赔偿或失去权益。

二、遵守美国法律的关键领域

1. 移民法

- **按时更新身份**：

- 临时签证持有者需在签证到期前离境或申请延长。

- 绿卡持有人需按时更新身份文件（如绿卡、工作许可）。

- **避免欺诈**：

- 提供虚假信息或伪造文件可能导致身份被取消。

2. **税务法**

- **申报全球收入**：

- 永久居民和税务居民需遵守美国税法，按时提交纳税申报表。

- **避免逃税**：

- 不履行纳税义务可能导致罚款、刑事指控，甚至影响移民身份。

3. **刑事法**

- **禁止犯罪行为**：

- 包括盗窃、暴力、毒品相关犯罪、酒后驾驶（DUI）等。

- **影响移民身份的严重罪行**：

- 道德败坏犯罪（Crimes Involving Moral Turpitude, CIMT）。

　　　　　○　重罪（Felony）和多次轻罪（Misdemeanor）
　　　　　　。

4. 交通法

　　● **遵守交通规则**：

　　　　　○　包括限速、停车规定、酒驾法规等。

　　● **驾驶执照和保险**：

　　　　　○　在美国驾驶需持有效执照和汽车保险。

5. 就业法

　　● **合法就业**：

　　　　　○　仅持有合法工作许可的个人可在美国工作。

　　● **遵守劳动法规**：

　　　　　○　遵循最低工资、工作时间和劳动安全规定。

6. 反歧视法

　　● **保护他人权益**：

　　　　　○　美国禁止种族、性别、宗教、国籍和残疾等
　　　　　　方面的歧视。

　　● **职场平等**：

　　　　　○　遵守平等就业机会相关法律。

三、违反法律的后果

1. 对移民身份的影响

    ● **驱逐出境**：

        ○ 犯下严重罪行的绿卡持有人可能被递解。

    ● **入籍资格受限**：

        ○ 良好品行（Good Moral Character）是入籍的必要条件，违反法律可能导致申请被拒。

    ● **签证被撤销**：

        ○ 临时签证持有者若违法，签证可能被取消。

2. 对个人生活的影响

    ● **刑事记录**：

        ○ 记录可能限制就业、租房、旅行等机会。

    ● **经济损失**：

        ○ 法庭罚款、赔偿或诉讼费用可能造成财务困难。

3. 社会信用与声誉损失

    ● 被认定违法会对个人的社会关系、职业声誉和生活质量产生负面影响。

四、如何确保遵守美国法律？

1. 学习基本法律知识

   - **了解适用法律**：

     o 学习您所在州和城市的具体法律。

     o 熟悉移民法、劳动法和交通法规。

   - **利用资源**：

     o 使用美国政府网站（如https://www.uscis.gov）或社区服务获取法律信息。

2. 遵守移民规定

   - **按时更新身份文件**：

     o 提前申请绿卡更新或签证延期。

   - **保留文件副本**：

     o 保存护照、绿卡、签证等重要文件的副本。

3. 遵循财务合规

   - 按时申报税务，咨询专业税务顾问以确保合规。

   - 报告海外资产（如FBAR 和 FATCA）。

4. 参加社区活动

   - 通过参与社区活动，了解当地法律和文化，增强法律意识。

5. 遇到问题时咨询专业人士

- **寻求律师帮助**：

  ○ 如果遇到法律问题，及时咨询移民律师或刑事律师。

- **避免自我辩护**：

  ○ 法律程序复杂，错误处理可能加重问题。

五、案例分析

案例1：**绿卡持有者酒驾（DUI）**

- **情况**：李先生因酒后驾驶被捕。

- **后果**：

  ○ 面临刑事罚款和社区服务。

  ○ 多次酒驾可能导致递解出境。

- **解决**：聘请律师协助处理案件，并参加相关教育课程。

案例2：**未按时更新绿卡**

- **情况**：张女士未及时更新即将过期的绿卡。

- **后果**：

  ○ 影响她的就业资格。

- **解决**：通过提交I-90表格补救，同时申请加急处理
  。

六、总结

遵守美国法律是维护个人权益、确保移民身份稳定以及促进
社会和谐的重要基础。无论是联邦法还是州法，每个人都应
主动了解相关法律，并严格履行自身义务。如果遇到法律问
题或疑问，及时寻求专业帮助是保护自身利益的关键。通过
合法的方式生活和工作，不仅有助于您融入社会，还为实现
长期发展目标奠定了坚实基础。

附录

常见移民表格指南

1. I-130 表格：亲属移民请愿

I-130 表格填写指南：亲属移民请愿

I-130 表格 (Petition for Alien Relative) 是由美国公民或绿卡持有人提交，用于为符合条件的亲属申请移民签证或调整身份的表格。这是亲属移民程序的第一步，其准确性和完整性对整个申请过程至关重要。以下是详细的填写说明和注意事项。

I-130 表格的适用对象

- **提交人** (Petitioner)：

    o 美国公民（可为配偶、子女、父母或兄弟姐妹申请）。

    o 美国永久居民（绿卡持有人，仅可为配偶或未婚子女申请）。

- **受益人** (Beneficiary)：

    o 您希望担保移民的亲属。

表格填写说明

1. Part 1: Relationship （关系）

- Question 1: 您与受益人之间的关系（选择一个）
  :

  - 如果是配偶：选择"Spouse"。

  - 如果是父母或子女：选择"Parent"或"Child"。

  - 如果是兄弟姐妹：选择"Brother/Sister"。

注意事项：

- 确保选择的关系与提供的支持文件一致。例如，为配偶申请需提供结婚证

2. Part 2: Information About You **（提交人的信息）**

- Questions 1-3: 提交人的姓名（First Name, Middle Name, Last Name）。

  - 如果有曾用名或其他名字（如婚前姓氏），需在附加信息部分说明。

- Question 4: 性别（Gender）。

- Question 5: 出生日期（Date of Birth）。

- Question 6: 居住地址（Physical Address）。

  - 填写当前居住地址，不能是邮政信箱（P.O. Box）。

- Question 7: 邮寄地址（Mailing Address）。

○ 如果与居住地址不同，需单独填写。

注意事项：

- 地址必须完整，包括公寓号、城市、州、邮政编码
  。

3. Part 3: Information About Beneficiary（受益人的信息）

- **Questions 1-3**：受益人的姓名（First Name, Middle Name, Last Name）。

- **Question 4**：受益人的出生日期。

- **Question 5**：性别。

- **Question 6**：受益人的国籍（Country of Citizenship or Nationality）。

- **Questions 7-8**：当前居住地址和邮寄地址。

- **Question 9**：是否在美国（Is the beneficiary currently in the United States?）。

  ○ 若选择"是"，需提供I-94记录或其他入境证明。

注意事项：

- 如果受益人曾用过其他名字（如婚前姓氏或其他拼写），需提供详细说明。

4. Part 4: Information About Your Marriage（婚姻信息，仅适用于配偶申请）

- Questions 1-2: 当前婚姻状况和结婚日期。

- Question 3: 结婚地点。

- Question 4: 是否曾有过其他婚姻。

  - 如果曾离婚或丧偶，需提供离婚证明或配偶死亡证明。

注意事项：

- 配偶申请必须证明婚姻的真实性，例如共同生活的证明、婚礼照片等。

5. Part 5: Other Information About You（其他信息）

- Question 1: 是否曾为其他人提交过 I-130 表格。

  - 如果是，需提供之前提交的申请信息（如收据号码）。

- Question 2: 是否有其他受抚养亲属。

  - 需提供每位家庭成员的基本信息。

注意事项：

- 如果之前曾担保过亲属移民，但未成功获批或受益人未移民，需要详细说明。

6. Part 6: Information About the Beneficiary's Family（受益人家庭信息）

- Questions 1-4: 受益人的配偶和子女信息。

  - 若有未成年子女，需填写姓名、出生日期和当前居住地。

注意事项：

- 受益人的未婚子女可能符合"衍生受益人"资格，需提供完整信息。

7. Part 7: Biographic Information（生物信息）

- Questions 1-6: 种族、身高、体重、眼睛颜色、头发颜色等。

  - 此部分是标准生物信息，需如实填写。

8. Part 8: Additional Information（附加信息）

- Questions 1-4: 是否有其他需要补充的信息。

  - 如果表格空间不足，可使用附页提供详细说明。

- Question 5: 如果填写附加页，需注明页码和问题编号。

注意事项：

- 确保附加信息条理清晰，内容准确。

9. Part 9: Signature of Petitioner（提交人签名）

- **签名**：必须由提交人亲自签名，不能使用电子签名。

- **日期**：填写表格提交的日期。

注意事项：

- 表格未签名将导致申请被拒绝。

提交材料

1. **必需文件**：

   ○ 提交人和受益人的护照复印件。

   ○ 关系证明文件（如出生证明、结婚证）。

   ○ 若有过婚史，需附离婚证明或配偶死亡证明
     。

2. **可选支持文件**：

   ○ 共同财产文件（如房屋租赁协议、银行账户
     ）。

   ○ 共同生活的照片（特别是配偶申请）。

3. **支付费用**：

   ○ 当前申请费用为 **$535**（2024年标准）。

   ○ 支票或汇票抬头写为 "U.S. Department of
     Homeland Security"。

常见错误及避免方法

1. 未附足够的支持文件

- ○ 确保所有证明关系真实性的文件齐全。

2. 信息不一致

- ○ 表格中的信息应与支持文件一致。

3. 提交过期表格

- ○ 确保使用USCIS最新版本的I-130表格（可从h ttps://www.uscis.gov/i-130下载）。

4. 遗漏问题

- ○ 确保每个问题均填写或标注"Not Applicabl e"。

提交方式

- ● **邮寄地址**：

  - ○ 根据申请人居住地和受益人情况，选择正确 的服务中心地址（参考表格说明）。

- ● **在线提交**：

  - ○ 某些情况下，I-130 表格可在线提交，通过U SCIS账户完成。

后续步骤

1. **收据通知**：

    ○ 提交后，USCIS将发送收据通知（Form I-797 C）。

2. **等待审理**：

    ○ I-130 的审理时间取决于申请类别和服务中心。

    ○ 可以通过USCIS网站查询处理时间：https:// egov.uscis.gov/processing-times/。

3. **结果通知**：

    ○ 批准后，案件将转至国家签证中心（NVC）或通知申请人准备I-485身份调整申请。

通过正确填写 I-130 表格并附上完整的支持文件，可以显著提高申请成功率。若对填写内容有疑问或涉及复杂情况（如继亲、养子女关系），建议咨询专业移民律师以确保申请顺利进行。

2. I-485 表格：身份调整申请

I-485 表格 (Application to Register Permanent Residence or Adjust Status) 是用于调整身份为美国永久居民（绿卡持有人）的主要表格。它适用于在美国境内且符合调整身份条件的申请人。以下是详细的填写说明和注意事项，帮助您正确完成该表格。

I-485 表格适用对象

- **适用情况**：

    ○ 通过家庭、职业、庇护或其他特殊移民类别获得移民资格，并希望在美国调整身份。

- **常见移民类别**：

    ○ 亲属移民（如配偶或子女）。

    ○ 职业移民（如通过雇主担保获得I-140批准）。

    ○ 难民或庇护身份持有人。

表格填写说明

1. Part 1: Information About You（申请人信息）

- Questions 1-7：基本信息

    ○ 填写您的全名 (First, Middle, Last)，如果有曾用名或其他名字，在 Question 2 中填写。

o Question 5：填写出生日期。

o Question 6：填写性别（Male 或 Female）
　　。

- **Questions 8-12**：联系信息

o 填写当前住址（Physical Address），包括
街道、公寓号、城市、州和邮政编码。

o 如果邮寄地址与居住地址不同，需单独填写
　　。

注意事项：

- 确保地址完整且准确，以确保接收USCIS的通知。

- 如果有曾用名或其他拼写，需在附加信息部分说明
　　。

2. Part 2: Application Type or Filing Category（申请
类别）

- **Question 1**：选择您的移民类别。

o 亲属移民：选择"Family-based immigrant
visa"。

o 职业移民：选择"Employment-based immigr
ant visa"。

o 庇护或难民：选择"Refugee or asylee sta
tus"。

- **Question 2**：如果是亲属移民，需填写担保人的信息（如姓名和关系）。

注意事项：

- 准确选择移民类别，错误选择可能导致申请被拒绝。

3. Part 3: Additional Information About You（补充信息）

- **Questions 1-9**：提供您的出生地、国籍和移民历史。

  - 填写出生国家、国籍和合法入境记录（如 I-94 出入境卡信息）。

  - 如果您在美国的合法停留身份已过期，需如实填写并准备解释文件。

- **Questions 10-17**：最近五年的地址和就业记录。

注意事项：

- 所有日期和地址需完整且准确，信息不一致可能引起审查。

4. Part 4: Information About Your Family（家庭信息）

- **Questions 1-5**：填写配偶和子女的信息，包括姓名、出生日期和住址。

- 如果为未婚子女申请调整身份，请确保提供证明其年龄和婚姻状况的文件。

注意事项：

- 如果有多个家庭成员随行或作为衍生受益人，需填写附加页。

5. Part 5: Biographic Information（生物信息）

- **Questions 1-5**：填写种族、身高、体重、眼睛颜色、头发颜色等。

    ○ 这些信息用于身份验证和背景调查。

6. Part 6: Public Charge Information（公共负担信息）

- **Questions 1-10**：提供经济状况信息，包括收入、资产和债务。

    ○ 提交经济担保文件（如 I-864 或 I-944）以证明您不会成为公共负担。

注意事项：

- 确保提供的财务信息与经济担保文件一致。

7. Part 7: Additional Information About Your Immigration History（移民历史补充信息）

- **Questions 1-15**：填写您在美国的所有移民相关历史，包括签证类型、滞留记录或递解记录。

    ○ Question 14：是否曾因任何原因被拒签或递解。

注意事项：

- 如实回答，任何虚假信息可能导致申请被拒绝或引发法律问题。

8. Part 8: Criminal Acts and Security-Related Questions（犯罪及安全相关问题）

- **Questions 1-25**：回答关于犯罪记录、参与犯罪组织、战争罪等问题。

    ○ 如果回答"是"，需在附加页中详细说明并提供支持文件。

注意事项：

- 回答问题时务必如实。若有犯罪记录，建议在提交前咨询律师。

9. Part 9: Signature of Applicant（申请人签名）

- **签名**：必须由申请人亲自签名。

- **日期**：填写签名的日期。

注意事项：

- 未签名的表格将被视为无效。

提交材料清单

1. **必需文件**：

    ○ I-485 表格完整填写并签名。

- o I-94 出入境记录复印件。

- o 护照信息页复印件。

- o 移民类别的支持文件（如 I-130 批准通知或 I-140 批准通知）。

- o 医疗体检表（I-693），由指定医生完成并密封。

2. **财务支持文件**：

- o I-864 表格（经济担保书）。

- o 最近三年的税表（Form 1040 和 W-2）。

3. **其他支持文件**：

- o 两张护照规格照片。

- o 婚姻或亲属证明（如适用）。

4. **支付费用**：

- o 当前申请费用为 **$1,140**，另加生物识别费用 **$85**。

提交方式

1. **邮寄地址**：

- o 根据申请人所在州和移民类别，选择正确的 USCIS 服务中心地址（参考 I-485 表格说明）。

2. **在线账户**：

   ○ 某些类别可通过USCIS账户在线提交申请（ht
     tps://www.uscis.gov）。

常见错误及避免方法

1. **表格填写不完整**：

   ○ 确保每个部分均填写完整，未涉及的部分注
     明"N/A"。

2. **支持文件不足**：

   ○ 确保提交所有必需文件，包括合法入境证明
     和经济担保文件。

3. **使用过期表格**：

   ○ 从 USCIS 网站下载最新版本的表格。

4. **未支付正确费用**：

   ○ 使用支票或汇票支付，金额准确。

处理流程及后续步骤

1. **收据通知**：

   ○ 提交后，USCIS将寄送收据通知（Form I-797
     C），包括案件编号。

2. **生物识别通知**：

   ○ 您将收到指纹采集通知，需按时前往指定地
     点完成。

3. **等待处理**：

   o 处理时间因服务中心和申请类别而异，可通
     过 USCIS 网站查询处理进度（https://egov
     .uscis.gov/casestatus/）。

4. **面试通知**：

   o 大多数申请人需参加面试，面试内容包括核
     实信息和背景调查。

总结

填写 I-485 表格是身份调整的重要步骤，表格填写的准确
性和支持文件的完整性直接关系到申请结果。如果遇到复杂
情况（如犯罪记录、移民历史问题或经济担保不足），建议
在提交前咨询移民律师，确保申请顺利进行。通过细致准备
和及时提交，您可以显著提高成功获得绿卡的可能性。

3. I-765 表格：工作许可申请

I-765 表格（Application for Employment Authorization）是申请或更新美国工作许可（Employment Authorization Document，简称EAD）的主要表格。EAD允许非美国公民在美国合法工作。以下是详细的填写说明及注意事项。

一、I-765 表格的适用情况

1. 适用人群

- 身份调整申请人（I-485提交后）。

- 特定非移民签证持有者（如F-1学生的OPT申请者）。

- TPS（临时保护身份）持有者。

- 特定庇护或难民身份持有者。

2. 申请类型

- 首次申请工作许可。

- 更新过期的EAD。

- 更换因损坏或遗失的EAD。

二、表格填写说明

Part 1: Reason for Applying（申请原因）

- **Question 1**：选择适用的申请原因：

○ **1.a.** First time applying for an EAD（首次申请）。

○ **1.b.** Replacement of a lost, stolen, or damaged EAD（更换损坏或遗失的EAD）。

○ **1.c.** Renewal of my permission to accept employment（续期）。

注意事项：

● 确保选择的申请原因符合您的实际情况。例如，I-485申请人通常选择 **1.a.**。

Part 2: Information About You（申请人信息）

1. 基本信息

● **Questions 1-2**：填写您的全名（First Name, Middle Name, Last Name）。

○ 如果有曾用名或其他拼写，在 **Question 3.a.-3.c.** 填写。

● **Question 4**：性别（Male 或 Female）。

● **Question 5**：婚姻状况（Married, Single, Divorced, Widowed）。

2. 出生信息

● **Question 6**：出生日期（MM/DD/YYYY）。

● **Question 7**：出生国家（Country of Birth）。

● **Question 8**：国籍（Country of Citizenship or Nationality）。

3. 居住地址

- **Questions 9-11**: 填写当前居住地址 (Physical Ad
  dress)。

  ○ 如果邮寄地址与居住地址不同, 需在 **Questi
    on 12-13** 中填写。

注意事项:

- 确保地址完整, 包括街道、公寓号、城市、州和邮
  政编码。

- 地址将用于接收USCIS通知和EAD卡, 确保填写无误
  。

Part 3: Additional Information About You (补充信息)

1. 移民信息

- **Question 1**: 提供您的 A-Number (如有)。

- **Question 2**: 填写您的 Form I-94 Admission Numb
  er (入境记录)。

  ○ 如果没有I-94, 可以通过https://i94.cbp.d
    hs.gov获取。

- **Question 3**: 填写您最近一次入境美国的信息, 包
  括:

  ○ 入境日期。

  ○ 入境口岸 (Port of Entry)。

  ○ 入境身份 (如F-1、H-1B)。

2. 移民历史

- **Questions 4-5**: 提供最近使用的护照或旅行证件号码及签发国。

注意事项:

- 确保移民历史信息准确无误, 与您的I-485或其他移民文件保持一致。

Part 4: Eligibility Category (申请类别)

- **Question 1**: 填写您的申请类别代码。

    ○ **C(9)**: 身份调整申请人 (基于I-485) 。

    ○ **C(8)**: 庇护申请待决。

    ○ **C(33)**: F-1 OPT学生。

    ○ **A(12)**: 临时保护身份 (TPS) 。

注意事项:

- 使用 USCIS 官方指南确认您符合的类别代码。

- 错误的类别可能导致申请被拒绝。

Part 5: Additional Information (附加信息)

- 提供任何未在前述部分提及的额外信息, 例如:

    ○ 多次入境记录。

    ○ 曾用名或其他身份信息。

注意事项：

- 如需附加页，请在每页顶部注明您的姓名和A-Number，并标注页码。

Part 6: Applicant's Statement, Contact Information, Declaration, and Signature（声明与签名）

1. 声明与联系方式

- Applicant's Statement：

  ○ 如果亲自填写表格，选择 1.a.。

  ○ 如果通过翻译协助填写，选择 1.b. 并提供翻译人员的信息。

- 提供您的电话号码、电子邮件地址和当天日期。

2. 签名

- 申请人需在表格上亲自签名。

- **注意**：未签名的表格将被视为无效。

三、提交材料清单

必需文件

1. **I-765 表格**：完整填写并签名。

2. **护照复印件**：显示个人信息页和签证页。

3. **I-94 出入境记录复印件**。

4. **支持文件**：

   ○ **身份调整申请人**：提交I-485收据（Form I-797C）。

   ○ **F-1 OPT学生**：提交I-20表格。

   ○ **庇护申请人**：提交I-589收据。

照片要求

- 两张护照规格照片（2x2英寸）。

- 照片背面用铅笔轻轻写上您的全名和A-Number。

支付费用

- 当前费用为 **$410**，另加 **$85** 生物识别费（部分类别可能免除）。

- 支票或汇票抬头写为：U.S. Department of Homeland Security。

四、提交方式

邮寄

- 根据您的申请类别和居住地，选择正确的USCIS服务中心地址（参见I-765表格说明）。

在线提交

- 某些类别可通过USCIS在线账户提交申请（如C(9)类别）。

- 创建账户链接：https://myaccount.uscis.gov/

五、常见错误及避免方法

1. **未填写完整表格**

   - 每部分均需填写完整，未涉及的部分标注"N/A"。

2. **未提供足够的支持文件**

   - 确保附上所有必需文件，例如I-94记录和护照复印件。

3. **支付费用错误**

   - 检查费用金额是否正确，避免因支付问题导致延误。

4. **类别填写错误**

   - 确保使用正确的申请类别代码。

5. **未签名**

   - 表格必须由申请人亲自签名，电子签名无效。

六、处理流程与后续步骤

1. **收据通知：**

   - 提交后，USCIS将寄送Form I-797C（收据通知），包括案件编号。

2. **生物识别通知**：

    ○ 部分申请人需进行指纹采集，需按通知指定
      日期和地点前往完成。

3. **处理时间**：

    ○ 处理时间因申请类别和服务中心不同，可通
      过USCIS网站查询：https://egov.uscis.gov
      /processing-times/。

4. **接收EAD卡**：

    ○ 如果申请获批，您将通过邮寄方式收到EAD卡
      。

七、总结

I-765 表格是获取工作许可的重要工具，其填写的准确性和
支持文件的完整性直接影响申请结果。通过严格遵循指南，
提供完整的材料，您可以显著提高申请成功率。如果有疑问
或涉及复杂情况，建议咨询移民律师以确保顺利完成申请。

4. I-131 表格：旅行文件申请

I-131 表格（Application for Travel Document）是用于申请各种旅行文件的关键表格，包括回美证（Reentry Permit）、提前离境许可（Advance Parole）以及难民旅行文件（Refugee Travel Document）。此表格适用于计划暂时离开美国但希望保持合法身份或返回美国的申请人。

以下是详细的填写说明和注意事项，帮助您正确完成该表格。

一、I-131 表格的适用情况

1. 适用对象

- **回美证**（Reentry Permit）：绿卡持有人计划在国外停留超过6个月但少于2年，需申请回美证以保持绿卡有效性。

- **提前离境许可**（Advance Parole）：身份调整申请人（I-485提交后）计划临时离境。

- **难民旅行文件**（Refugee Travel Document）：难民或庇护身份持有人需离境后返回美国。

- **重新入境文件**：其他特殊情况，例如已经放弃绿卡身份，但需要入境美国。

二、表格填写说明

Part 1: Information About You（申请人信息）

219

- Questions 1-7: 基本信息

  - 填写您的全名 (First Name, Middle Name, Last Name)。

  - 提供任何曾用名或别名 (Question 3.a.-3.c.)。

- Questions 8-12: 出生信息

  - 出生日期 (MM/DD/YYYY)、出生地 (城市、州或省) 以及出生国家。

- Questions 13-17: 联系信息

  - 填写当前住址 (Physical Address) 和邮寄地址 (Mailing Address)。

  - 提供电话号码和电子邮件地址。

注意事项:

- 地址必须完整且准确, 因为USCIS会将通知和旅行文件邮寄到此地址。

- 如果邮寄地址与居住地址不同, 需明确填写。

Part 2: Application Type (申请类型)

- Question 1: 选择申请文件类型:

  - **1.a.** Reentry Permit (回美证)。

  - **1.b.** Refugee Travel Document (难民旅行文件)。

- 1.c. Advance Parole Document（提前离境许可）。

  - 1.d. Other（其他），需注明具体类型。

- **Question 2**：填写您的移民身份（如绿卡持有人、I-485申请人、难民身份等）。

注意事项：

- 确保选择正确的申请类型，与您的移民身份一致。

Part 3: Processing Information（处理信息）

- **Question 1**：填写离境目的和计划停留的国家。

  - 简单说明离境的原因（如探亲、工作、医疗）。

- **Questions 2-3**：预计的离境和返回日期。

注意事项：

- 如果计划长期停留（超过6个月），需提供详细的理由和证明材料。

- 提前离境许可申请人不能在申请期间离开美国，否则申请将失效。

Part 4: Information About Your Proposed Travel（旅行计划信息）

- **Question 1**：是否曾申请过类似文件。

○ 如果是，需提供之前申请的详细信息（如申请日期和文件编号）。

- **Question 2**：是否有其他国家护照。

    ○ 如果有，需提供护照号码和签发国。

Part 5: Additional Information（附加信息）

- 如果您的旅行计划复杂（如多次离境或特殊情况），可在此部分补充说明。

注意事项：

- 如需附加页，请在每页顶部注明姓名、A-Number，并标注页码和问题编号。

Part 6: Signature of Applicant（申请人签名）

- **签名**：必须由申请人本人亲自签名。

- **日期**：填写签名当天的日期。

注意事项：

- 表格未签名将被拒绝受理。

三、提交材料清单

1. 必需文件

    1. **I-131 表格**：完整填写并签名。

    2. **护照复印件**：显示个人信息页和签证页。

3. **身份文件**：

   ○ **绿卡持有人**：提交绿卡复印件（正反面）。

   ○ **身份调整申请人**：提交I-485收据（Form I-797C）。

   ○ **难民或庇护身份持有人**：提交I-94复印件和庇护批准通知。

2. 支持文件

   1. **旅行目的证明**：

      ○ 例如邀请函、医疗证明、工作证明或其他相关文件。

   2. **两张护照规格照片**：

      ○ 2x2英寸，白色背景，照片背面用铅笔轻轻写上姓名和A-Number。

3. 支付费用

   ● **费用**：

      ○ 回美证：$575（另加$85生物识别费）。

      ○ 提前离境许可：费用通常包含在I-485申请中（无需额外支付）。

      ○ 难民旅行文件：$135（14岁以下为$105）。

   ● **支付方式**：

- 支票或汇票抬头写为"U.S. Department of Homeland Security"。

四、提交方式

1. 邮寄

   - 根据申请类型和申请人所在地，选择正确的USCIS服务中心地址。

   - 地址详情请参考I-131说明书或访问USCIS官网：https://www.uscis.gov/i-131

2. 在线提交

   - 某些类别（如I-485附加的提前离境许可）可通过USCIS在线账户提交。

五、常见错误及避免方法

1. **表格填写不完整**

   - 确保每部分均填写完整，未涉及的部分标注"N/A"。

2. **未提供完整支持文件**

   - 确保附上旅行目的证明和身份文件。

3. **签名问题**

   - 表格必须亲自签名，电子签名无效。

4. **不正确的申请类型**

    ○ 确保选择正确的文件类型（回美证、提前离境许可或难民旅行文件）。

5. **费用支付错误**

    ○ 确保支付金额准确，避免支票或汇票填写错误。

六、处理流程与后续步骤

1. 收据通知

    ● 提交后，USCIS会寄送Form I-797C（收据通知），包括案件编号。

2. 生物识别通知

    ● 部分申请人需进行指纹采集，按通知要求前往指定地点完成。

3. 等待处理

    ● 处理时间因申请类型和服务中心不同：

        ○ 回美证：通常需6-12周。

        ○ 提前离境许可：4-6周。

        ○ 难民旅行文件：约3个月。

4. 接收文件

- 申请批准后，旅行文件将邮寄至申请表上填写的地址。

七、总结

I-131 表格是保护移民身份、确保顺利返回美国的重要工具。准确填写表格、提交完整支持文件和及时支付费用是成功申请的关键。如果遇到复杂情况（如长期离境或特殊旅行需求），建议咨询移民律师，以确保申请顺利完成并最大化您的合法权益。

有用的移民资源与网站

在美国移民过程中，可靠的信息来源是您成功申请的关键。无论是了解最新政策、下载移民表格，还是查询申请状态，这些资源都能为您提供有效支持。以下是全面且值得信赖的移民资源和网站，涵盖官方机构、法律援助、申请工具和国际旅行信息。

一、官方移民资源

1. 美国公民与移民服务局（USCIS）

- **网址**：https://www.uscis.gov

- **服务内容**：

  o 提供所有移民表格（如I-130、I-485、I-765）的下载和填写指南。

  o 在线工具：案件状态查询（Case Status）、处理时间查询（Processing Times）。

  o 移民政策公告，包括法律变更和移民新闻更新。

  o 预约服务：可通过USCIS工具预约亲自访问当地服务中心。

- **建议用途**：

- 下载最新版本的表格。

- 查询个人案件进展和处理时间。

- 获取最新政策变更公告。

2. 美国国务院（U.S. Department of State）

- **网址**：https://travel.state.gov

- **服务内容**：

    - 签证公告牌（Visa Bulletin）：用于查看亲属移民和职业移民的签证排期。

    - 签证申请程序：提供非移民签证（如B1/B2旅游签证）和移民签证申请指南。

    - 多元化签证抽签（DV Lottery）信息和在线申请系统。

    - 美国驻外使领馆的最新签证服务更新。

- **建议用途**：

    - 检查签证排期，规划移民申请的时间。

    - 获取签证申请表格和使领馆面试指导。

3. 美国海关与边境保护局（CBP）

- **网址**：https://www.cbp.gov

- **服务内容**：

- 查询I-94出入境记录，用于支持身份调整申请。

- 提供海关和国际旅行规则，包括携带物品限制和清关流程。

- 指导美国入境政策，如海关检查和入境身份验证。

- **建议用途**：

  - 打印I-94出入境记录作为移民申请支持文件。

  - 了解国际旅行政策和海关要求。

4. 美国社会保障局（SSA）

- **网址**：https://www.ssa.gov

- **服务内容**：

  - 提供社会安全号码（SSN）申请和更换服务。

  - 了解社会安全福利，如退休金、残疾补助等。

- **建议用途**：

  - 移民身份获批后申请SSN，用于工作和税务相关事务。

  - 查询社会福利资格。

5. 美国劳工部（DOL）

- **网址**：https://www.dol.gov

- **服务内容**：

    ○ 劳工认证（PERM）申请指南和职业移民相关政策。

    ○ H-1B薪资标准和职业数据。

    ○ 提供工作场所法律与安全信息。

- **建议用途**：

    ○ 查询职业移民申请中的劳工认证要求。

    ○ 了解H-1B雇佣合规要求。

二、法律援助与非营利支持

1. 美国移民律师协会（AILA）

- **网址**：https://www.aila.org

- **服务内容**：

    ○ 提供专业移民律师的目录。

    ○ 分析最新移民政策，为律师和公众提供信息。

- **建议用途**：

    ○ 寻找专业移民律师以处理复杂案件。

- ○ 获取法律层面的政策解读。

2. 法律援助服务

  - Legal Services Corporation (LSC)：

    - ○ **网址**：https://www.lsc.gov

    - ○ **功能**：为低收入家庭提供免费的法律服务，包括移民案件。

  - **建议用途**：

    - ○ 在无法承担律师费用时寻求免费的法律帮助。

3. 移民支持非营利组织

  - Catholic Charities USA：

    - ○ **网址**：https://www.catholiccharitiesusa.org

    - ○ **功能**：提供低成本或免费的移民服务，如身份调整和入籍申请。

  - Immigrant Legal Resource Center (ILRC)：

    - ○ **网址**：https://www.ilrc.org

    - ○ **功能**：提供移民法律资源和教育。

  - **建议用途**：

    - ○ 获取低成本的移民支持服务。

    - ○ 使用法律资源了解移民法律。

三、移民申请工具

1. 案件状态查询

- **USCIS案件状态查询**：

    ○ **网址**：https://egov.uscis.gov/casestatus/

    ○ 输入收据号码（Receipt Number）查询申请状态。

- **NVC案件状态查询**：

    ○ **网址**：https://ceac.state.gov

    ○ 查询国家签证中心（NVC）的案件进展。

2. 处理时间查询

- **USCIS处理时间查询**：

    ○ **网址**：https://egov.uscis.gov/processing-times/

    ○ 查看不同表格和服务中心的处理时间。

3. 移民费用计算

- **USCIS费用计算器**：

    ○ **网址**：https://www.uscis.gov/feecalculator

    ○ 计算不同申请表格的费用，避免支付错误。

4. 表格下载与在线工具

- **表格下载**：

  - **网址**：https://www.uscis.gov/forms

  - 提供最新版本的移民申请表格和填写指南。

- **USCIS在线账户**：

  - **网址**：https://myaccount.uscis.gov

  - 在线提交某些申请表格（如I-765、I-131）并跟踪案件进度。

四、国际旅行相关资源

1. 美国驻外使领馆

- **查询使领馆**：https://www.usembassy.gov

  - 提供全球范围内美国驻外使领馆的联系信息和签证服务更新。

2. CBP国际旅行信息

- **网址**：https://www.cbp.gov/travel

  - 了解美国国际旅行政策、入境规则和清关信息。

五、移民教育与政策更新

1. 入籍教育资源

- USCIS Citizenship Resource Center：

  ○ **网址**：https://www.uscis.gov/citizenship

  ○ 提供入籍考试学习材料，包括100道公民知识问题。

2. 政策与法规更新

- **联邦公报（Federal Register）**：

  ○ **网址**：https://www.federalregister.gov

  ○ 发布最新的移民法规和政策。

六、其他推荐资源

1. 美国移民统计

- **网址**：https://www.dhs.gov/immigration-statistics

  ○ 提供移民统计数据，了解年度移民趋势和配额分配。

2. E-Verify（就业核查工具）

- **网址**：https://www.e-verify.gov

  ○ 雇主可通过此工具核实员工的合法工作身份。

通过以上资源，您可以轻松获取最新的移民信息和申请工具。这些网站不仅提供权威信息，还能为您的移民规划提供重要支持。如果遇到复杂问题，建议结合这些资源咨询专业移民律师，以确保您的申请过程顺利无误。

移民法律专业术语中英文对照表

以下是美国移民相关法律中常见的专业术语及其中英文对照表。这些术语涵盖移民法、签证类型、表格名称以及法律程序等，方便读者在阅读移民材料或与律师沟通时理解和使用。

一、移民身份与签证相关术语

英文术语	中文翻译
Immigrant	移民
Nonimmigrant	非移民
Permanent Resident	永久居民（绿卡持有人）
Conditional Resident	条件居民（临时绿卡持有人）
Undocumented Immigrant	无证移民
Adjustment of Status	身份调整
Asylum	庇护

Refugee	难民
Visa	签证
Dual Citizenship	双重国籍
Employment Authorization	工作许可
Deportation/Removal	遣返/递解出境
Advance Parole	提前离境许可
Reentry Permit	回美证

二、移民表格名称

表格名称（英文缩写）	中文翻译
I-130	亲属移民请愿表
I-485	身份调整申请表
I-765	工作许可申请表
I-131	旅行文件申请表
I-864	经济担保表
I-94	出入境记录
I-751	条件绿卡解除申请表
I-140	职业移民请愿表

N-400	入籍申请表
N-600	公民资格证明申请表
DS-260	移民签证申请表
DS-160	非移民签证申请表

三、移民程序与政策术语

英文术语	中文翻译
Immigration and Nationality Act（INA）	《移民与国籍法》
Deferred Action for Childhood Arrivals（DACA）	童年抵美者暂缓遣返
Temporary Protected Status（TPS）	临时保护身份
Diversity Visa Lottery（DV Lottery）	多元化签证抽签
Visa Bulletin	签证公告牌
Priority Date	优先日期
Cap-Exempt	配额豁免
Public Charge Rule	公共负担规则
Employment-Based Immigration	职业移民
Family-Based Immigration	家庭移民

四、法律程序与行政机构

英文术语	中文翻译
United States Citizenship and Immigration Services (USCIS)	美国公民与移民服务局
Department of Homeland Security (DHS)	国土安全部
Department of State (DOS)	美国国务院
Customs and Border Protection (CBP)	海关与边境保护局
Immigration Court	移民法庭
Immigration Judge (IJ)	移民法官
Board of Immigration Appeals (BIA)	移民上诉委员会
National Visa Center (NVC)	国家签证中心
Petition	请愿
Evidence	证据

五、移民法庭与案件处理术语

英文术语	中文翻译
Notice to Appear (NTA)	出庭通知书
Master Calendar Hearing	主庭日审理
Individual Hearing	个别听证会

Bond Hearing	保释听证会
Voluntary Departure	**自愿离境**
Removal Proceedings	**遣返程序**
Motion to Reopen	**重开案件**动议
Administrative Appeal	**行政上诉**
Prosecutorial Discretion	检察官自由裁量权

六、其他常用术语

英文术语	中文翻译
Alien	**外国人**
Sponsor	**担保人**
Dependent	受抚养人
Biometrics	**生物**识别
Fee Waiver	费用豁免
No Objection Letter	无异议信
Administrative Processing	**行政**审查
Denial	拒绝
Approval	**批准**

七、税务与财务相关术语

英文术语	中文翻译
Taxpayer Identification Number (TIN)	纳税人识别号
Social Security Number (SSN)	社会安全号码
Individual Taxpayer Identification Number (ITIN)	个人纳税人识别号
Form I-864	经济担保书
Form W-2	工资与税收申报单
Form 1040	个人所得税申报表

本表覆盖了移民申请中常用的术语及其中英文对照，旨在帮助读者更好地理解法律文件、政策和申请流程。如果遇到不熟悉的术语或复杂的法律问题，建议及时咨询专业移民律师以确保申请过程顺利。

www.ingramcontent.com/pod-product-compliance
Lightning Source LLC
Chambersburg PA
CBHW030501210326
41597CB00013B/746